AI 휴머노이드 로봇

인공지능총서

인공지능 시대입니다. 기계가 인간의 인지를 대신하고, 사물이 인간을 통하지 않고 다른 사물과 직접 커뮤니케이션합니다. 이에 따른 인간 삶과 문명 변화를 정확히 이해·예측·대응하는 것은 이 시대 우리 모두의 과제입니다. 인공지능총서는 인공지능 기술과 환경의 여러 주제를 10가지 키워드로 정리합니다. 관련 개념과 이론, 학계와 산업계의 쟁점, 우리 일상의 변화를 다룹니다. 인간과 기술의 현재, 미래를 세심히 분석합니다.

일러두기

- 인명, 작품명, 저서명, 개념어 등은 한글과 함께 괄호 안에 해당 국가의 원어를 병기했습니다.
- 외래어 표기는 현행 어문규정의 외래어표기법을 따랐습니다. 다만 '피규어' 등은 관행을 따랐습니다.

처음이세요?

전문가세요?

AI 휴머노이드 로봇

손영성

대한민국, 서울, 커뮤니케이션북스, 2025

AI 휴머노이드 로봇

지은이 손영성
펴낸이 박영률

초판 1쇄 펴낸날 2025년 10월 10일

커뮤니케이션북스(주)
출판 등록 2007년 8월 17일 제313-2007-000166호
02880 서울시 성북구 성북로 5-11
전화(02) 7474 001, 팩스(02) 736 5047
commbooks@commbooks.com
www.commbooks.com

ISBN 979-11-430-0973-9 03500

책값은 뒤표지에 표시되어 있습니다.

차례

인간을 닮은 기계, 왜 지금인가?

지금 이 순간, 휴머노이드 로봇은 전 세계적으로 뜨거운 관심과 투자의 중심에 서 있다. 그 이유는 세 가지로 요약할 수 있다. 첫째, 인공지능과 로봇 공학의 융합으로 과거 상상 속 존재였던 '걷고 말하는 로봇'이 실현 가능한 기술로 발전하고 있다. 둘째, 고령화와 노동력 부족이라는 글로벌 위기 속에서 돌봄과 단순 노동을 대체할 수 있는 로봇 수요가 급증하고 있다. 셋째, 휴머노이드 로봇은 수십 조 달러에 이르는 잠재 시장을 지닌 미래 산업의 핵심으로 부상하고 있으며, 기술 주권과 국가 안보와도 직결되는 전략적 자산으로 여겨지고 있다. 이러한 변화 속에서 휴머노이드 기술은 선택이 아닌, 반드시 확보해야 할 필수 역량으로 자리매김하고 있다.

역사를 돌이켜보면, 18세기의 증기 기관은 인간의 체력을 대체했고, 20세기의 내연 기관은 에너지 전달의 한계를 극복했다. 전기 전자 기술과 인터넷, 스마트폰은 정보 접근과 소통 방식에 혁신을 가져왔다. 이제 AI와 휴머노이드 로봇은 복잡한 문제 해결과 지능의 확장을 통해, 인류 사회의 다음 혁신을 이끌 주체로 떠오르고 있다.

익숙하면서도 낯선 존재

휴머노이드 로봇은 새롭고 이질적으로 느껴질 수 있지만, 실은 오랜 시간 우리의 상상 속에서 함께해 온 존재다. 아이작 아시모프의 《아이, 로봇》, 리들리 스콧의 〈블레이드 러너〉, 일본 애니메이션 〈철완 아톰〉이나 〈공각기동대〉 등 다양한 콘텐츠 속에서 우리는 사람처럼 사고하고 행동하는 로봇을 경험해 왔다. 영화 〈스타워즈〉의 C-3PO, 〈터미네이터〉의 T-800, 〈A.I.〉의 소년 데이비드, 〈엑스 마키나〉의 에이바에 이르기까지, 휴머노이드는 늘 인간과 관계를 맺고 갈등하는 존재로 묘사되어 왔다. 이러한 문화적 친숙함은 실제 기술이 등장해도 우리에게 크게 낯설지 않게 느껴지게 한다.

그러나 동시에, 휴머노이드 로봇은 불편함과 경계심도 함께 불러일으킨다. 너무 사람을 닮은 로봇이 오히려 불쾌하게 느껴지는 '언캐니 밸리(uncanny valley)' 현상, 감정 없이 차가운 기계라는 인식, 그리고 일자리 대체에 대한 우려는 휴머노이드에 대한 심리적 저항으로 작용한다. 실제로 정교한 표정을 구현한 로봇 '아메카'는 놀라움을 안긴 동시에 불쾌감을 유발하기도 했다. 기술이 진화할수록 우리는 로봇의 윤리, 감정, 사회적 역할에 대해 더욱 깊은 고민을 마주하게 된다.

지금, 우리가 휴머노이드 로봇에 주목해야 하는 이유

휴머노이드 로봇은 이제 실험실을 넘어 산업과 일상으로 들어오고 있다. 이 변화는 단순한 기술 진보가 아니라, 산업 구조와 인간 삶의 패러다임을 근본적으로 재편할 가능성을 보여 준다.

첫째, 급속한 고령화와 인구 감소로 인한 노동력 부족은 전 세계적 과제다. 특히 한국은 생산 가능 인구가 빠르게 줄어드는 가운데, 3D 업종 등에서 인력난이 심화되고 있다. 휴머노이드는 이러한 현실을 보완할 수 있는 유력한 해법으로 떠오르고 있다. 하루 20시간 이상 지속 근무가 가능하며, 일관된 품질을 유지하는 로봇의 특성은 생산성과 효율성 모두를 확보할 수 있게 한다.

둘째, 기술의 상용화 속도가 빨라지고 있다. 파운데이션 모델 기반 로봇 AI는 시연 몇 번만으로 새로운 작업을 학습하며, 초고해상도 비전 센서, 정밀 제어 액추에이터, 고속 충전 배터리 등 주요 하드웨어 기술도 빠르게 진화하고 있다. 이는 다양한 산업 환경에 유연하게 적용할 수 있는 범용 로봇의 등장을 가능하게 한다.

셋째, 휴머노이드는 사람 중심으로 설계된 기존 환경에서 별도의 변화 없이 곧바로 적용될 수 있다는 점에서 뛰어난 범용성을 갖는다. 계단, 복도, 공구가 많은 작업장 등에서도 두 팔과 두 다리를 갖춘 로봇은 사람처럼 적응할 수 있다. 이는 제조업뿐 아니라, 의료, 물류, 재난 구조, 가정 보조 등 다양한 분야에서 높은 활용 가능성을 보여 준다.

넷째, 시장의 잠재력이 압도적이다. 모건스탠리는 2034년까지 휴머노이드 로봇 시장이 60조 달러 규모로 성장할 것으로 전망한다. 미국은 테슬라, 엔비디아, 피규어AI 등 민간 기업을 중심으로 기술과 생태계를 확장하고 있고, 중국은 저가·대량 생산과 정부 주도 전략으로 상용화를 앞당기고 있다. 한국 또한 레인보우로보틱스, 삼성전자, LG전자, 현대차그룹, CJ대한통운 등이 적극적으로 진출하며 세계 경쟁에 참여하고 있다.

마지막으로, 휴머노이드는 단지 도구가 아니라 사회적 존재로서, 인간과 함께 일하고 살아갈 '파트너'로 진화하고 있다. 이는 기술만의 문제가 아니라, 법과 제도, 윤리와 교육이 함께 설계되어야 하는 새로운 시대적 과제다. 지금 휴머노이드 로봇 기술에 주목하고 준비해야 하는 이유다.

이 책의 구성

이 책은 휴머노이드 로봇의 기술적 기반과 사회적 함의를 함께 조망하기 위해 다음과 같이 구성되었다.

제1장은 왜 휴머노이드 로봇이 지금 주목받는지, 그리고 그것이 인류의 기술 진화 속에서 어떤 의미를 갖는지를 설명한다. 다양한 산업 현장에서 실제로 활용되기 시작한 배경을 통해 '휴머노이드 로봇 시대'의 서막을 보여준다.

제2장은 휴머노이드 로봇이 무엇인지, 그리고 왜 인간의 형태를 모방하는지에 대해 설명한다. 인간형 디자인이 갖는 직관적 상호 작용의 장점과 기술적 필연성을 기존 로봇과의 비교를 통해 밝힌다.

제3장은 휴머노이드 로봇을 움직이게 만드는 핵심 인공지능 기술을 소개한다. 시각 인식, 모션 플래닝, 정밀 조작, 시뮬레이션 등 다양한 AI 요소가 어떻게 유기적으로 작동하는지를 다룬다.

제4장은 최근 등장한 대표적인 휴머노이드 로봇들과 이들이 채택한 AI 모델의 기술적 흐름을 정리한다. 파운데이션 모델과 로봇 학습 데이터 세트의 발전도 함께 설명

된다.

제5장은 AI 휴머노이드가 실제 환경에서 작동하기 위해 극복해야 할 기술적 난제들을 집중 조명하고, 이족 보행, 정밀 조작, 에너지 효율, 반응 속도 등 다양한 문제를 기술적 관점에서 살펴본다.

제6장은 휴머노이드 로봇이 제조, 물류, 교육, 간병 등 우리의 실제 삶 속에서 어떻게 활용되고 있는지를 구체적인 사례를 통해 설명한다.

제7장은 휴머노이드 로봇의 대중화가 왜 아직 본격화되지 않았는지, 그리고 그 이유에 대해 분석한다. 비용, 안전성, 법적 · 윤리적 문제 등을 주요 쟁점으로 다룬다.

제8장은 AI 휴머노이드 산업이 국가 간 경쟁 구도로 전환되는 가운데, 우리 사회가 어떤 전략을 취해야 하는지에 대한 실천적 제언을 제시한다.

제9장은 2030년 이후 AI 휴머노이드가 어떤 기술 발전과 시장 확장을 거칠지, 미래 시나리오를 중심으로 전망한다.

제10장은 AI 휴머노이드 로봇과 함께 살아갈 미래를 준비하기 위해 우리가 어떤 선택을 해야 하는지, 그리고 사회 전체가 어떤 방향으로 변화해야 하는지를 고민한다.

이 책은 필자가 AI 로봇 기술 관련 연구 개발 과제를 수행하며 축적한 경험과 분석을 바탕으로 집필되었으며, 최근 빠르게 전개되는 산업 흐름을 반영하고자 했다. 인공지능과 로봇 기술이 어떻게 융합되고, 이 융합이 사회에 어떤 영향을 미치는지를 이해하는 데에 도움이 되기를 바란다. 정책 당국, 기업 실무자, 그리고 기술의 미래에 관심 있는 모든 독자에게 작은 통찰을 제공할 수 있기를 기대한다.

끝으로, 본서 출간을 위해 헌신해 주신 커뮤니케이션북스 출판사에 깊은 감사를 표한다.

참고문헌

Ford, M.(2015). *Rise of the robots.* Basic Books.

Goover(2024.9.28). Humanoid robots transform modern society. https://seo.goover.ai/report/202409/go-public-report-en-0d0dda7a-4bde-4909-a68e-0c8e69d73d1d-0-0.html

World Economic Forum(2025.6.16). Humanoid robots offer both disruption and promise. Here's why. https://www.weforum.org/stories/2025/06/humanoid-robots-offer-disruption-and-promise/

Wright, D. S.(2023). *Robotic revolution: The humanoid era begins.* Independently published.

01
휴머노이드 로봇 시대의 서막

SF 상상의 산물로 여겨지던 휴머노이드 로봇이 현실 세계에 모습을 드러내고 있다. 로봇의 역사 속에서 휴머노이드가 어떻게 등장했고, 오늘날 산업 현장과 일상 속에서 어떤 형태로 활용되고 있는지를 살펴본다. 인간형 휴머노이드 로봇의 시대는 이미 시작되었다.

기후 위기와 인공지능?

휴머노이드 로봇의 등장

MIT 로봇 연구

휴머노이드 로봇은 고대 신화 속 자동 인형부터 시작해, 오늘날 고도화된 로봇 기술로 진화해 왔다. 본격적인 기술 개발은 20세기 후반부터 시작되었으며, 인간처럼 걷고 보고 듣고 상호 작용할 수 있는 로봇을 목표로 연구가 이어지고 있다. 특히 고령화, 노동력 부족, 재난 대응 등 사회적 과제를 해결할 수단으로 휴머노이드 로봇의 필요성이 부각되며, 각국의 연구 기관과 기업들이 경쟁적으로 개발에 뛰어들었다.

MIT는 휴머노이드 로봇 분야의 선구자 중 하나다. 1993년부터 개발된 코그(Cog)는 인간과 상호 작용할 수 있는 상반신 중심의 연구용 로봇으로, 얼굴 추적, 물체 인식, 손동작 등 인지와 운동을 결합한 연구에 사용되었다. 코그는 특히 시리즈 탄성 액추에이터(actuator) 기술을 통해 유연하면서도 안전한 움직임을 구현했다.

또한, MIT는 나사(NASA)가 개발한 발키리(Valkyrie) 로봇을 통해 우주 환경에서 작동할 수 있는 소프트웨어 개발에도 참여했다. 최근에는 백플립이나 파쿠르 같은 고난도 동작을 수행하는 새로운 휴머노이드 로봇을 개발해, 모델 예측 제어(MPC) 같은 첨단 제어 기술을 실험하고 있다.

혼다 '아시모' – 대중에게 가장 친숙한 로봇

일본 혼다는 1986년부터 인간형 보행 로봇을 개발해 왔으며, 약 15년의 연구 끝에 2000년에 아시모(ASIMO)를 공개했다. 아시모는 키 130cm, 무게 54kg으로 작고 가벼우면서도 자연스러운 보행, 계단 오르기, 손동작, 음성 · 얼굴 인식 등 다양한 기능을 탑재했고, 센서와 카메라로 주변을 인식하고 자율적으로 움직일 수 있어, 당시에 매우 앞선 기술로 평가받았다.

아시모는 휴머노이드 로봇이 단순한 실험 대상이 아닌, "실제 사회와 상호 작용할 수 있는 존재"임을 보여 준 대표적 사례로, 전 세계적으로 휴머노이드 로봇에 대한 대중의 인식을 높이는 데에 크게 기여했다. 비록 2018년 개발은 종료되었지만, 그 기술은 현재 재활 · 원격 작업용 로봇 등으로 이어지고 있다.

보스턴 다이내믹스 '아틀라스' – 인간을 넘어서다

보스턴 다이내믹스는 2013년, 미국 국방고등연구계획국(DARPA)과 함께 개발한 아틀라스(Atlas) 로봇을 공개했다. 초기 모델은 키 188cm, 무게 150kg의 유압식 이족 보행 로봇으로, 재난 구조 임무를 위해 설계되었다. 울퉁불퉁한 지형을 걷고, 문을 열며, 도구를 사용하는 능력은 많은 이에게 깊은 인상을 남겼다.

이후 아틀라스는 꾸준히 업그레이드되어 백플립, 점프, 파쿠르 같은 고난도 운동 능력을 선보이며, "로봇이 인간의 신체 능력을 뛰어넘을 수 있다"는 가능성을 제시했다. 2024년에는 완전 전기식 아틀라스가 공개되어 유압 대신에 전기 구동을 사용하며, 더 가볍고 효율적인 구조로 재탄생되었다. 이 최신 모델은 28 자유도의 관절과 고성능 센서, 정교한 제어 알고리듬을 탑재해 산업・물류 현장 적용 가능성까지 제시하고 있다.

MIT, 혼다, 보스턴 다이내믹스는 각각 인지 기능, 대중화, 운동 능력이라는 서로 다른 측면에서 휴머노이드 로봇 기술의 발전을 이끌어 왔으며, 오늘날 인간형 로봇의 현실화를 가능하게 만든 주역이라 할 수 있다. 이들의 연구는 앞으로 더 정교하고 실용적인 휴머노이드 기술로 이어질 중요한 기반이 되고 있다.

휴머노이드 로봇의 필요성 대두

휴머노이드 로봇의 필요성은 단순한 기술적 호기심을

넘어, 고령화 사회와 노동력 부족, 재난 대응과 같은 사회 구조적 문제에서 비롯되었다. 인간과 유사한 외형과 동작, 그리고 인간이 사용하는 환경에서 도구를 다룰 수 있는 능력을 가진 휴머노이드 로봇은 점차 다양한 분야에서 현실적인 해결책으로 주목받고 있다.

휴머노이드 로봇이 필요해진 가장 큰 전환점을 만든 사건은 2011년 일본 도호쿠 대지진과 후쿠시마 원전 사고였다. 당시 세계적으로 로봇 강국이라 불리던 일본조차, 고방사선 지역에 투입할 수 있는 실용적인 로봇이 부족했고, 이로 인해 원전 내부 진입과 긴급 조치를 하는 데에 심각한 지장을 겪었다. 이 사건은 전 세계에 "로봇이 반드시 필요하다"는 강력한 메시지를 전달했다.

이를 계기로 미국 국방고등연구계획국은 2012년부터 2015년까지 'DARPA 로보틱스 챌린지(DRC)'를 개최했다. 이 대회의 목표는 재난 상황에서 인간이 수행하던 복잡하고 위험한 작업을 휴머노이드형 반자율 로봇이 수행할 수 있도록 기술을 끌어올리는 것이었다. DRC는 단순한 기술 자랑이 아니라, 실제 사회에 기여할 수 있는 실용적인 로봇 개발을 지향했다.

DRC 결선에서는 8개의 미션이 주어졌다. 로봇은 차량 운전과 하차, 잔해 위 보행, 장애물 제거, 문 열기, 사다리 오르기, 공구를 이용한 벽 뚫기, 밸브 조작, 소화전 연결 등 다양한 재난 대응 시나리오를 수행해야 했다. 특히 제한된 통신 환경 속에서 원격 조작과 자율 기능을 함께 요구받아 로봇의 센서, 인공지능, 제어, 통신 기술이 모두 통합적으로 시험되었다.

이 대회는 세계 여러 나라의 연구 기관과 대학, 기업이 참여하면서 보스턴 다이내믹스의 아틀라스 같은 표준 로봇 하드웨어가 제공되어 소프트웨어 개발에 집중할 수 있도록 하였고, 기술 발전을 촉진하는 촉매제가 되었다.

무엇보다 주목할 만한 성과는 2015년 결승전에서 카이스트의 'DRC-휴보(DRC-Hubo)'가 우승했다는 점이다. 한국은 이 대회를 통해 세계 휴머노이드 로봇 기술의 선두 주자로 부상하며 국제적인 주목을 받았다.

비록 DRC 이후 휴머노이드 로봇 개발이 다소 주춤하기도 했지만, 이 대회는 현실적인 문제 해결을 위한 로봇 기술의 방향성을 제시했다는 점에서 매우 중요한 전환점이 되었으며, 이후 산업 현장과 재난 구조, 돌봄 등 다양한 분야에서 휴머노이드 로봇의 필요성과 가능성을 다시금 부각하는 계기가 되었다.

AI 기술 발전이 휴머노이드 로봇으로 전이

로봇 파운데이션 모델 기술 경쟁

휴머노이드 로봇은 이제 단순한 기계가 아니라, 인공지능(AI) 기술의 활용을 통해서 스스로 판단하고 동작하는 지능형 존재로 발전하고 있다. 과거에는 이족 보행이나 관절 제어 등 하드웨어 중심의 발전이 주를 이루었다면, 지금은 AI가 로봇의 '두뇌' 역할을 하여 인간과 유사한 인지 · 학습 · 판단 능력을 부여하고 있다.

AI는 휴머노이드 로봇의 다양한 능력을 강화하고 있다. 컴퓨터 비전과 센서 융합 기술을 통해 로봇은 3차원 공간을 이해하고 장애물을 회피하며 실시간으로 주변 환경을 이해할 수 있다. 자연어 처리(NLP) 기술 덕분에 로봇은 음성 명령을 이해하고 사람과 자연스럽게 대화할 수 있으며, 돌봄 · 안내 서비스 영역까지 진출하고 있다. 또한 머신 러닝과 적응 학습 기술은 로봇이 반복 경험을 통해 스스로 동작을 개선하고, 변화하는 환경에 유연하게 대응하도록 만든다. 여기에 감정 인식 기술까지 더해진다면, 휴머노이드 로봇은 인간의 표정과 말투를 해석하고 감정에 맞춰 반응할 수 있게 될 것이다.

이러한 휴머노이드 로봇 발전 중심에는 로봇 파운데

이션 모델(robot foundation model, RFM)이 있다. 기존의 로봇 AI가 특정 작업에만 특화된 '좁은 AI(narrow AI)'였다면, 파운데이션 모델은 다양한 환경과 과제에 적용 가능한 '범용 AI(general AI)'다. 이 모델들은 대규모 언어 · 비전 · 행동 데이터를 통합적으로 학습하며, 미리 훈련된 지식을 바탕으로 새로운 작업도 적은 학습만으로 수행할 수 있는 범용성을 갖추고 있다.

로봇 파운데이션 모델은 비전-언어-행동(VLA)을 통합해 시각 정보, 음성 명령, 실제 동작을 하나의 모델에서 처리할 수 있게 하며, 시뮬레이션과 실환경 데이터를 혼합해 학습한다. 이로써 로봇은 처음 접하는 환경이나 과제에도 빠르게 적응하고, 복잡한 연속 작업이나 인간과의 협업도 수행할 수 있다.

이러한 혁신을 구체화한 대표 사례 중 하나가 엔비디아(NVIDIA)의 그루트 N1(GR00T N1)이다. 그루트 N1은 듀얼 시스템 구조를 통해 고차원 계획과 실시간 모터 제어를 분리해 처리하며, 다양한 카메라 · 마이크 · 터치 등의 멀티모달 데이터를 학습해 높은 적응성과 범용성을 구현한다. 특히, 적은 추가 학습만으로도 다양한 로봇 플랫폼과 작업에 적용할 수 있다는 점이 큰 강점이다. 이 모델은 실제 가정, 공장, 서비스 공간에서 멀티 스텝 작업, 물체 조작, 인간 협력 등의 고난도 문제를 해결하는 데에 활용되고 있다.

결국, AI와 파운데이션 모델의 발전은 휴머노이드 로봇을, 단순한 기계를 넘어서 인간과 협력하며 복잡한 문제를 해결할 수 있는 '지능형 파트너'로 진화시키고 있다. 이 기술을 둘러싼 글로벌 경쟁은 향후 휴머노이드 산업은 물론, 사회 전체의 구조를 재편할 핵심 동력으로 자리매김할 것이다.

테슬라 옵티머스가 시작한 휴머노이드 로봇 경쟁

테슬라(Tesla)의 휴머노이드 로봇 '옵티머스(Optimus)'는 제조 현장 자동화의 새로운 흐름을 이끌고 있다. 2024년부터 테슬라 공장에 시범 투입된 옵티머스는 반복적이고 정밀한 작업을 수행하며 실제 생산 라인에서 활약하고 있다. 테슬라는 옵티머스의 생산을 수천 대 규모로 확대할 계획이며, 가격도 기존 산업용 로봇보다 저렴한 2만 5천~3만 달러로 책정해 경쟁력을 갖추었다고 발표했다.

옵티머스는 자재 운반, 조립, 위험 환경 대응 등 다양한 작업에 활용될 수 있으며, 변화하는 공정에도 소프트웨어 업데이트만으로 적응할 수 있어 유연성이 뛰어나다고 평가된다. 이와 함께 인간 작업자와 협업하는 하이브리드 생산 체계를 가능하게 하며, 산업 재해 감소와 생산성 향상을 동시에 기대할 수 있다.

테슬라의 실증은 중국과 미국을 비롯한 여러 딥 테크 기업의 경쟁을 자극했고, AI 기술과 로봇 파운데이션 모델의 도입으로 로봇의 지능과 적용성은 더욱 강화되고 있다. 제조 현장은 지금, 휴머노이드 혁신의 최전선이 되고 있다.

중국, 휴머노이드 마라톤 개최

2025년 4월, 중국은 베이징에서 세계 최초로 인간과 휴머노이드 로봇이 함께 달리는 하프 마라톤 대회를 개최했다. 스물한 대의 로봇이 인간 주자들과 함께 21km를 달리며, 이족 보행, 표정 표현, AI 자율 주행 등 기술력을 과시했다. 이 행사는 8월 열릴 세계 휴머노이드 체육 대회의 예행연습이자, 중국의 기술력과 산업 의지를 보여주는 자리였다.

중국은 2025년을 휴머노이드 양산 원년으로 삼았고 샤오미(Xiaomi), 유비테크(UBtech) 등 주요 기업이 대량 생산에 돌입했다. 중국 정부는 세제 혜택과 보조금을 통해 산업을 적극적으로 지원하고 있으며, 2035년까지 200만 대 이상을 생산하겠다는 목표를 제시했다. 중국은 다양한 외형과 기능을 갖춘 로봇을 개발하며 산업·교육·서비스 분야로 빠르게 진출하고 있다.

이러한 전략은 대량 생산과 저렴한 가격, 정부 지원을 바탕으로 글로벌 시장 점유율 1/3을 차지하려는 목표와 맞물려, 테슬라가 주도한 휴머노이드 경쟁을 더욱 가속화하고 있다.

참고문헌

Conner-Simons, A.(2015.11.17). NASA gives MIT a humanoid robot to develop software for future space missions. *MIT News.*
https://news.mit.edu/2015/nasa-gives-mit-humanoid-robot-future-space-missions-1117

Merano, M.(2025.4.23). Tesla Optimus units line up in Fremont's pilot production line. *Teslarati.*
https://www.teslarati.com/tesla-optimus-pilot-production-line/

Wang, L. & Qian, Z.(2025.4.21). China's humanoid marathon signals a new kind of AI race. *The Diplomat.*
https://thediplomat.com/2025/04/chinas-humanoid-marathon-signals-a-new-kind-of-ai-race/

Wikipedia "ASIMO". https://en.wikipedia.org/wiki/ASIMO

Wikipedia "Atlas (robot)".

https://en.wikipedia.org/wiki/Atlas_(robot)
Wikipedia "DARPA Robotics Challenge".
https://en.wikipedia.org/wiki/DARPA_Robotics_Challenge

02
휴머노이드 로봇이란 무엇이며 왜 인간의 형태를 닮는가?

휴머노이드 로봇은 왜 굳이 인간의 모습을 따라 만들어질까? 센서, 액추에이터 등 로봇의 기본 구성 요소를 쉽게 설명하고, 인간 환경에 적응하고 도구를 다루는 데에 최적화된 '인간형' 로봇의 필요성과 의미를 살펴본다. 또한 AI 기술이 휴머노이드 로봇에 어떤 새로운 능력을 부여하는지도 함께 알아본다.

노래하는 AI 보컬?

인간 형태의 로봇이 필요한 이유

휴머노이드 로봇이 굳이 사람처럼 생긴 이유는 단순한 외형 모방이 아니다. 가장 큰 이유는 '범용성', 즉 다양한 환경과 작업에 자연스럽게 적응할 수 있기 때문이다. 우리가 사는 공간은 계단, 문 손잡이, 서랍, 의자, 조리대 등 모든 것이 인간을 기준으로 설계되어 있다. 따라서 로봇이 사람처럼 걷고 손을 쓸 수 있다면, 기존 환경을 바꾸지 않고도 바로 활용할 수 있다.

예를 들어, 바퀴 달린 로봇은 계단을 오르거나 좁은 공간에 들어가기 어렵지만, 두 다리로 걷고 손을 자유롭게 쓸 수 있는 휴머노이드는 그 한계를 쉽게 넘을 수 있다. 이는 집 안, 공장, 물류 창고, 병원, 심지어 재난 현장까지, 다양한 장소에서 휴머노이드 로봇이 인간을 대신해 활동할 수 있다는 의미다.

또한, 인공지능 기술의 발전은 휴머노이드의 필요성을 더욱 부각하고 있다. 특히 GPT 같은 대형 언어 모델(large language models, LLM)의 등장으로, 로봇이 사람의 언어를 이해하고 맥락에 따라 스스로 판단할 수 있게 되었다. 이제는 사람처럼 생긴 로봇이 사람처럼 말하고 행동하며, 복잡한 상황에서도 스스로 문제를 해결할 수 있는 시대가 열린 것이다.

결국 인간형 로봇은 단순히 인간을 닮기 위한 것이 아니라, 인간을 가장 효과적으로 도와줄 수 있는 형태이기 때문에 필요한 것이다. 사람과 비슷한 몸, 사람의 언어를 이해하는 뇌를 가진 로봇은 우리가 살아가는 환경에서 가장 유용한 파트너가 될 수 있다.

기존 로봇과 AI 기술이 탑재된 휴머노이드 로봇의 차이점

기존 로봇과 AI 기술이 탑재된 휴머노이드 로봇은 여러 측면에서 본질적인 차이를 가진다. 기존 로봇은 특정 작업을 반복 수행하도록 설계되었으며, 정해진 환경과 동작에만 반응한다. 반면, AI 기반 휴머노이드는 인간과 유사한 외형을 바탕으로 계단, 문, 좁은 공간 등 사람 중심의 환경에 자연스럽게 적응할 수 있다.

또한, 생성형 AI(GPT 등)의 도입으로 휴머노이드는 명령을 이해하고 스스로 판단해 다양한 업무를 수행할 수 있다. 학습 기법과 시뮬레이터를 통해 새로운 환경에 빠르게 적응하고, 복잡한 시나리오도 처리한다. 정밀한 액추에이터 기술과 감속기를 통해 자연스러운 동작도 가능해졌다.

상황 인지 면에서도 기존 센서를 넘어, 촉각 · 시각 ·

청각을 통합한 고급 센서 시스템을 통해 사람과 더 깊은 상호 작용을 할 수 있다. 이러한 차이들은 휴머노이드 로봇이 단순한 기계를 넘어 사람을 이해하고 도울 수 있는 지능형 파트너로 발전하는 기반이 되고 있다.

휴머노이드 로봇의 기본 구성 요소

휴머노이드 로봇은 인간과 유사한 형태와 움직임을 통해 다양한 환경에 적응하고, 도구를 활용하며, 사람과 협력하는 존재로 설계된다. 이러한 기능을 구현하기 위한 핵심 구성 요소는 센서(sensor), 액추에이터, 컨트롤러(controller), 그리퍼(gripper)다.

센서: 로봇의 '감각 기관'

센서는 로봇이 외부 세계를 인식하고 상황에 맞게 반응할 수 있도록 돕는다.

촉각 센서는 손끝처럼 물체의 압력, 진동, 접촉 등을 감지해 정교한 조작을 가능하게 한다. 예를 들어, 부드러운 물체를 잡을 때는 약하게, 단단한 물체는 힘 있게 조절하는 데에 활용된다.

시각 센서는 로봇이 공간을 인식하고 이동하거나 물체를 분류하는 데에 사용된다. 3차원 깊이 정보와 색상,

움직임 등을 감지해 장애물을 피하고 작업 환경을 이해한다. 이러한 센서들은 함께 작동해 로봇이 자율적으로 판단하고 움직일 수 있는 기반을 마련한다.

액추에이터: 로봇의 '근육과 관절'

액추에이터는 로봇의 몸을 움직이게 하는 부품으로, 전기 신호를 물리적 힘으로 바꾸는 장치다. 팔 · 다리 · 손가락 · 목 등 다양한 관절 부위에 장착되며, 사람처럼 걷고 물건을 조작하는 동작을 구현한다.

액추에이터는 일반적으로 모터 · 감속기 · 제어기 · 브레이크 등으로 구성된다. 이 중 감속기는 모터의 빠른 회전 속도를 줄여 더욱 큰 힘을 만들고, 정밀한 동작 제어를 가능하게 한다. 휴머노이드 로봇은 적어도 50개가 넘는 구동 축이 필요하기 때문에, 각 관절에 맞는 적절한 감속비와 토크, 무게 설계가 중요하다. 작고 강력한 액추에이터는 로봇의 움직임을 더 자연스럽고 효율적으로 만든다.

컨트롤러: 로봇의 '두뇌'

컨트롤러는 센서로부터 받은 정보를 바탕으로 로봇이 어떤 동작을 해야 할지 판단하고 제어 명령을 내리는 장치다. 예전에는 동작을 일일이 프로그래밍해야 했지만, 이제는 인공지능 기술의 발전 덕분에 자연어 명령을 이해하고 상황에 맞게 자율적으로 판단하는 것이 가능해졌다.

컨트롤러에는 고성능 컴퓨터와 AI 칩이 탑재되어, 실시간으로 정보를 처리하고 빠르게 반응한다. 이를 통해 로봇은 변화하는 환경에서도 유연하게 행동하고, 사람과 자연스럽게 상호 작용할 수 있게 된다.

그리퍼: 로봇의 '손'

그리퍼는 로봇이 물체를 집거나 조작할 수 있도록 돕는 장치로, 손가락과 비슷한 구조를 갖추고 있다. 다양한 형태와 크기의 물체를 안정적으로 잡기 위해, 여러 관절로 이루어진 구조와 섬세한 힘 조절 기능이 필요하다.

촉각 센서와 결합된 그리퍼는 물체의 질감이나 무게를 감지해 적절한 힘을 가하며, 깨지기 쉬운 물건이나 사람의 손과 같은 섬세한 대상도 안전하게 다룰 수 있도록 설계된다.

AI 기술이 가져온 휴머노이드 로봇의 새로운 능력

AI 기술은 휴머노이드 로봇에게 인지, 학습, 자율성이라는 새로운 능력을 부여하며, 단순한 기계를 넘어 '지능형 존재'로 진화하게 만들고 있다. AI 기술이 가능하게 만든 기술의 진보를 살펴본다.

먼저, 인지 능력이 크게 향상되었다. 고도화된 센서 기술은 로봇이 물체를 섬세하게 감지하고, 공간을 정확히 인식할 수 있게 한다. 촉각 센서는 손끝처럼 '눌림'을 느끼며, 시각 센서는 3D 공간을 실시간으로 이해해 복잡한 환경 속에서도 유연하게 반응할 수 있게 한다.

둘째, 새로운 동작을 배우는 학습 능력이 가능해졌다. 과거에는 사람이 일일이 로봇의 동작을 가르쳐야 했지만, 이제는 모방 학습과 강화 학습, 그리고 시뮬레이션 기반 학습을 통해 로봇이 스스로 배울 수 있다. 가상 환경에서 수천 번의 반복 훈련을 통해 실제 환경에 빠르게 적응할 수 있고, AI가 직접 학습 시나리오를 생성하는 기술도 등장하고 있다.

셋째, 자율성과 일반 지능의 획기적 향상이 가능해졌다. 생성형 AI와의 결합을 통해 로봇은 복잡한 언어 명령도 이해하고, 맥락을 파악해 적절한 행동을 스스로 결정할 수 있다. 이를 통해 휴머노이드는 가정 · 공장 · 돌봄 등 다양한 분야에서 유연하고 지능적인 동반자로 자리매김하고 있다.

대표적인 휴머노이드 로봇 제품

현재 주목받는 휴머노이드 로봇 제품들은 각기 다른 기술적 강점과 적용 사례를 통해 차세대 지능형 로봇 시대의 가능성을 보여 주고 있다.

우선 테슬라의 옵티머스는 자사 공장에 실제 투입되며, 연간 1만 대 이상 생산 목표를 설정하는 등 본격적인 산업 현장 활용을 앞두고 있다. 피규어AI의 피규어02(Figure02)는 BMW와의 협업으로 제조 분야에 진입하고 있으며, 소포 정렬과 같은 반복 작업에서 안정적인 성능을 보이고 있다.

중국에서는 유비테크와 베이징 휴머노이드 센터가 개발한 '톈궁(天工) 울트라(Ultra)'가 휴머노이드 마라톤에서 뛰어난 기동성을 입증했고, 루모스로보틱스의 루스2(LuoS2)는 1초 만에 일어나는 기립 능력으로 이목을 이끌었다. 러쥐로봇의 쿠아보(Kuavo)는 5G-A 기술을 적용한 초고속 통신을 활용해서 자율 제어를 시연했다.

한편, 이탈리아기술원의 아이언컵3(iCub3)는 세계 최초의 비행 기능을 가진 휴머노이드로, 로봇 이동성과 활용 범위를 확장하고 있다.

이러한 로봇들은 AI, 센서, 액추에이터, 자율 제어 기술의 융합을 통해 인간 환경에 자연스럽게 적응하고 다양한 작업을 수행할 수 있는 '범용 로봇'으로 진화하고 있다. 특히, 생성형 AI와의 결합은 로봇이 언어를 이해하고 상황을 판단하며 자율적으로 움직일 수 있게 해, 산업, 서비스, 돌봄 등 광범위한 분야에서 새로운 가능성을 열고 있다.

참고문헌

The Robot Report Staff(2024.8.7). BMW tests Figure 02 humanoid on production line. *The Robot Report*. https://www.therobotreport.com/bmw-tests-figure-02-humanoid-on-production-line/

zhangxinyue(2025.4.21). China's "Tiangong Ultra" crowned world's first humanoid robot half-marathon champion. *TMTPOST*. https://en.tmtpost.com/post/7541983

03
휴머노이드 로봇을 움직이는 핵심 AI 기술

휴머노이드 로봇이 세상을 보고 길을 찾고 손끝으로 정밀한 작업을 수행하려면, 어떤 AI 기술이 필요할까? 로봇의 눈이 되는 비전, 움직임을 설계하는 모션 플래닝, 손재주를 담당하는 조작, 스스로 배우는 동작 학습 기술을 쉽고 재미있는 비유와 함께 살펴본다. AI 학습에 중요한 역할을 하는 로봇 시뮬레이터도 함께 소개한다.

인공지능과 편향?

로봇을 위한 비전 기술

로봇을 위한 비전(vision) 기술은 로봇이 세상을 '보는' 능력을 의미한다. 이 기술은 단순한 이미지 인식을 넘어서, 로봇이 주변 환경을 이해하고 상황에 맞게 판단하며 움직일 수 있는 능력을 제공한다. 요즘 로봇은 카메라, 거리 센서, 색상 센서 등을 통해 시각 정보를 수집하고, 이를 언어 · 촉각 등 다양한 감각 정보와 결합해 '멀티모달'로 처리한다. 예를 들어, 비전-언어 모델은 사람의 말과 화면 속 사물을 함께 이해해 로봇이 자연어 명령을 따라 행동하게 한다. 또한 비전 기술은 강화 학습이나 모방 학습을 통해 로봇이 인간처럼 상황을 보고 배울 수 있게 하며, 시뮬레이터는 가상 공간에서 로봇이 실제처럼 수많은 시각 경험을 동시에 쌓도록 돕는다. 결국 비전 기술은 휴머노이드가 단순히 보는 것을 넘어, 세상을 이해하고 적절한 행동하게 만드는 두 눈과 같은 역할을 한다.

로봇 모션 플래닝

로봇 모션 플래닝(motion planning)은 로봇이 목표를 향해 어떻게 움직일지 스스로 계획하는 핵심 기술이다. 이는 단순히 동작의 경로를 그리는 것이 아니라, 움직이는 타이밍과 속도까지 고려한 '궤적(트래젝터리, trajectory)'을 설계하는 작업이다. 예를 들어, 컵을 집는 동작에서도 어느 방향에서 접근하고, 어느 순간 멈춰야 하는지를 정밀하게 계산해야 한다. 이를 위해 로봇은 위치 · 속도 · 가속도를 수학적으로 다루는 다항식 궤적 생성 방법이나, 가속-등속-감속 단계로 나누는 사다리꼴 속도 프로파일을 사용한다. 최근에는 대형 언어 모델과 비전 데이터를 통합한 AI가 사람의 말 한마디를 모터 명령으로 바꾸고, 물체의 반응을 예측해 더 자연스럽고 안전한 행동을 선택한다. 강화 학습, 모방 학습, 행동 사전 학습 등을 통해 로봇은 실제 환경의 변수에 적응하고 스스로 실수를 줄이는 방향으로 계속 학습할 수 있다. 모션 플래닝은 결국, 로봇이 '어떻게' 움직여야 할지를 이해하고, 그 움직임을 물리적으로 실현하는 데에 꼭 필요한 두뇌와 몸의 협업이라 할 수 있다.

로봇 정밀 조작 방법

로봇의 정밀 조작(manipulation)은 단순한 경로 계획을 넘어, 실제 세계에서 미세하고 정확하게 움직이는 능력을 의미한다. 이를 위해 로봇은 초당 수십 회의 고빈도로 실시간으로 센서 데이터를 처리하고 모터를 제어해, 흔들기 · 잡기 · 던지기 등 실시간 동작을 부드럽고 정밀하게 수행한다. 경로를 따라 움직이기 위해 시간에 따른 위치 · 속도 · 가속도를 정밀하게 정의하는 궤적 생성이 필요하며, 이를 위해 5차 다항식(quintic polynomial)이나 사다리꼴 속도 궤적(trapezoidal velocity profile)이 사용된다. 최근 로봇은 이미지 · 텍스트 · 촉각 등 다양한 데이터를 통합해 학습하며, 사람처럼 부서지기 쉬운 물체도 섬세하게 다룰 수 있다. AI 기반의 모방 학습, 강화학습, 자기 성찰 학습 등을 통해 로봇은 환경에 적응하고 스스로 동작을 개선할 수 있게 되었다. 특히, 언어 모델과의 결합은 자연어 지시를 정밀한 조작으로 연결하는 능력을 강화하고 있다. 마지막으로, 인간의 움직임을 모방하기 위한 다관절 발과 같은 하드웨어의 발전도 정밀 조작의 핵심 요소로 작용한다.

로봇 동작 학습 기술

로봇 동작 학습(learning) 기술은 정해진 명령을 수행하는 단계를 넘어, 변화하는 환경에서 스스로 판단하고 섬세한 작업을 수행할 수 있도록 만드는 핵심 기술이다. 이를 위해 로봇은 인간처럼 시각 · 언어 · 촉각 등의 멀티모달 데이터를 통합적으로 처리하며 학습한다. 최근에는 파이제로(π0), RT-1, RFM-1과 같은 로봇 파운데이션 모델이 등장해 다양한 상황에 대응할 수 있는 일반화된 동작 생성이 가능해졌다. 모방 학습과 강화 학습, 행동 사전 학습, 자기 성찰 학습 등 다양한 AI 학습 기법이 활용되며, GPT 같은 언어 모델을 보상 함수로 사용하는 방법도 도입되고 있다. 고주파수 제어와 정밀한 트래젝터리 설계는 로봇이 실제 환경에서 정확하고 유연하게 동작하도록 하며, 손가락처럼 높은 자유도를 가진 하드웨어는 학습된 동작을 물리적으로 구현할 수 있게 해 준다. 시뮬레이션 기반 학습은 이러한 AI 기술이 안전하고 효율적으로 훈련되도록 한다.

로봇 시뮬레이터

로봇 시뮬레이터는 로봇 개발과 학습을 위한 가상 실험실로, 시간과 비용, 안전 문제를 줄이며 효율적인 훈련을 가능케 한다. 이를 통해 로봇은 실제 환경과 유사한 다양한 상황에서 학습하고 성능을 검증할 수 있다. 대표 시뮬레이터인 깁슨(iGibson)은 실제 감각에 가까운 시각 정보를 제공하고, 해비타트(Habitat 3.0)는 빠르고 정밀한 시뮬레이션을 통해 강화 학습과 모방 학습에 적합한 환경을 구성한다. 젯슨 토르(Jetson Tor)는 시뮬레이션과 실제 환경을 모두 지원하며, 버추얼홈은 가정 내 복잡한 작업 시나리오를 제공한다. 마인도조는 〈마인크래프트〉 기반의 수천 개 과제를 통해 고차원 계획과 행동 학습을 가능하게 하고, S2R(sim-to-real) 기법은 시뮬레이터에서 학습한 내용을 실제 환경에 효과적으로 전이할 수 있도록 한다. 이 외에도 자동화된 시뮬레이션 파이프라인은 로봇이 마주칠 다양한 시나리오를 생성해 학습의 일반화 능력을 높인다.

참고문헌

깁슨. https://stanfordvl.github.io/iGibson/intro.html

마인도조. https://minedojo.org/

버추얼홈. http://virtual-home.org/documentation/v2.3.0/index.html

젯슨 토르. https://www.nvidia.com/ko-kr/autonomous-machines/embedded-systems/jetson-thor/

파이제로. https://www.physicalintelligence.company/blog/pi0

해비타트. https://wijmans.xyz/publication/ai-habitat/

RFM-1. https://covariant.ai/rfm/

RT-1. https://robotics-transformer1.github.io/

04

최신 휴머노이드 로봇 AI 모델 동향

휴머노이드 로봇의 진화는 더는 하드웨어에만 국한되지 않는다. 로봇을 더욱 똑똑하게 만드는 핵심, 즉 AI 모델의 최신 동향을 살펴본다. 로봇을 위한 파운데이션 모델은 다양한 환경과 작업을 이해하고 대응하는 일반화된 지능을 제공하며, 이를 학습시키기 위한 대규모 동작 데이터 세트와 시뮬레이터(NVIDIA Cosmos 등)의 역할이 점점 중요해지고 있다. 또한 각 휴머노이드 로봇이 탑재하고 있는 AI 모델의 구조와 특징도 함께 소개한다.

청각장애인과 AI?

로봇 파운데이션 모델

로봇 파운데이션 모델(RFM)은 기존의 특정 작업 전용 AI 방식에서 벗어나, 하나의 범용 모델로 다양한 로봇 태스크를 수행할 수 있도록 설계된 최신 인공지능 접근 방식이다. 이 모델은 시각 정보와 자연어 명령을 함께 받아들이고, 이를 통해 로봇의 구체적인 행동을 생성하는 정책 모델(policy model)로 작동한다.

RFM은 크게 두 부분으로 구성된다. 하나는 현실 세계를 시뮬레이션하는 월드 파운데이션 모델(world foundation model)이며, 다른 하나는 실제 로봇의 행동을 제어하는 정책 모델이다. 월드 모델은 로봇이 다양한 환경에서 어떤 결과가 나타날지를 예측하고, 그에 따라 행동 전략을 수립할 수 있도록 돕는다. 대표적으로 엔비디아 코스모스(Cosmos)는 멀티모달 생성 AI와 대규모 시뮬레이션 기능을 통합한 차세대 플랫폼으로, 시공간 추론, 물리적 변화 예측, 가상 환경 렌더링 등을 지원한다.

정책 모델은 로봇이 현재 상태와 작업 목표를 기반으로 어떤 행동을 해야 할지 실시간으로 판단해 움직임을 생성한다. 최근에는 언어 · 시각 정보를 통합해 조작 작업을 이해하고 실행하는 VLA(vision-language-action) 아키텍처가 주요한 연구 방향으로 자리 잡았다. 예를 들어 구글 딥마인드(Google DeepMind)의 제미나이 로보틱스 온디바이스(Gemini Robotics On-Device) 모델은 로봇 내에서 직접 실행되도록 경량화된 구조로 설계되어, 네트워크 연결 없이도 빠르고 정확하게 움직일 수 있다.

또한, RT-1, RT-2, RT-X, 오픈VLA(OpenVLA) 등 다양한 모델은 다양한 로봇 플랫폼에서 작동할 수 있도록 설계되었으며, 하나의 학습된 모델로 새로운 작업이나 낯선 환경에서도 의미 있는 행동을 수행할 수 있는 범용성(generalization)을 강화하고 있다. 이는 로봇이 실시간 환경 변화에 적응하고, 새로운 과제에 빠르게 대응할 수 있게 한다.

휴머노이드 로봇에서 RFM은 특히 중요한 역할을 한다. 사람과 유사한 신체 구조를 지닌 로봇은 더 복잡한 조작, 균형 유지, 동작 계획이 요구된다. 예를 들어, 엔비디아의 그루트 N1은 시각 · 언어 기반 고수준 계획과 디퓨전 트랜스포머 기반 저수준 모터 제어를 결합한 이중 구조를 채택해, 다양한 휴머노이드 플랫폼에서 유연하게 활용되고 있다. 피규어AI의 헬릭스(Helix), 테슬라의 옵티머스 같은 모델도 자연어 명령을 이해하고 다양한 물리적 환경에서 실시간 반응을 수행하는 능력을 갖추고 있다.

이러한 최신 AI 모델들은 시뮬레이션 환경과의 통합, 실시간 추론, 다양한 로봇 플랫폼 간의 호환성을 통해 로봇 개발의 효율성과 범용성을 크게 향상하고 있다. 향후에는 더욱 정교한 판단력, 자율성, 사회적 상호 작용 능력을 갖춘 로봇이 가능해질 것으로 기대되며, 로봇 파운데이션 모델은 그 중심에 있다.

로봇 동작 학습 데이터 세트

로봇 동작 학습 데이터 세트는 로봇 AI가 인간처럼 정밀하고 다양한 작업을 수행할 수 있도록 학습시키는 데에 핵심 자원이다. 최근에는 대규모, 다양성, 표준화를 특징으로 하며, 여러 로봇과 환경에서 수집된 시연 데이터를 통합한 범용 데이터 세트가 주목받고 있다. 대표적인 예로 브리지데이터 V2(BridgeData V2)는 다양한 환경과 스킬을 포함해 탁월한 일반화 성능을 보여 주며, 오픈 X-임바디먼트(Open X-Embodiment)는 수십 개 로봇 플랫폼과 기관에서 수집된 데이터를 통합해 범용 정책 학습에 활용된다. 이 외에도 드로이드(DROID), 미믹랩스(MimicLabs), DORMADL(Dataset of human-operated Robot Motion in Activities of Daily Living) 등 시뮬레이션 기반 대규모 데이터 세트가 정교한 동작 학습에 기여하고 있다. 특히 다양한 센서 위치, 물체 배치, 배경 변화 등 현실성을 반영한 요소들은 데이터 세트의 일반화 능력을 결정짓는 요인이라고 알려졌다. 최근에는 로봇이 스스로 데이터를 수집하고 학습하는 자율적 파인 튜닝 기법(SOAR)이나, 시뮬레이션 데이터를 실제 데이터처럼 활용하는 S2R 방식도 확산되고 있다. 이러한 데이터 세트는 로봇 파운데이션 모델이 새로운 환경에서도 안정적으로 작동할 수 있도록 돕고, 인간 수준의 적응력과 학습 능력을 갖춘 로봇 개발에 핵심 역할을 한다.

로봇 시뮬레이터: 엔비디아 코스모스

엔비디아 코스모스는 차세대 로봇과 자율 주행 시스템을 위한 물리 AI 기반 시뮬레이션 플랫폼으로, 생성형 AI와 대규모 시뮬레이션, 데이터 파이프라인을 통합해 로봇 개발 방식을 혁신하고 있다. 코스모스의 핵심은 세계 기초 모델(world foundation models)로, 다양한 센서 입력을 바탕으로 미래 물리 상태를 예측하고(Cosmos Predict), 시뮬레이션 데이터를 포토 리얼 영상으로 전환하며(Cosmos Transfer), 시공간 추론 기능을 수행한다(Cosmos Reason). 이를 통해 실제 로봇 없이도 고품질 시뮬레이션 환경에서 로봇 AI를 학습 · 검증할 수 있으며, 다양한 크기의 모델을 오픈 생태계에서 활용할 수 있게 지원한다. 특히 아이작 심(Isaac Sim) 등과 연동하여 3D 데이터를 현실적인 영상으로 변환하는 '3D-투-리얼(3D-to-real)' 기능은 합성 데이터 생성의 효율을 크게 높인다. 코스모스는 정책 모델 학습, 다양한 상황에 대한 반복 테스트, 미래 시나리오 예측 등에 사용되며, 실제 환경에서의 적응력 향상에 기여한다. 그 외에 피규어AI, 샤오펑(XPENG) 등 다수 기업이 로봇 및 자율 주행 분야에 활용 중이며, 로봇 AI 발전을 가속하는 기반 플랫폼으로 주목받고 있다.

휴머노이드 로봇 AI 모델의 특징

휴머노이드 로봇 AI 모델은 최근 파운데이션 모델의 도입으로 크게 진화하고 있으며, 인지 · 계획 · 제어 전반에 걸쳐 복합적인 기능을 통합하고 있다. 특히 시각 · 언어 · 행동을 아우르는 VLA 구조가 주류로 자리 잡아, 로봇이 이미지와 언어 지시를 이해하고 정교한 행동을 수행할 수 있도록 지원한다. 예컨대 엔비디아 아이작 그루트 N1(Isaac GR00T N1)은 고차원 계획과 실시간 제어를 분리해 처리하며, 피규어AI의 헬릭스, RT-2, RT-X 등도 이러한 구조를 따른다.

이 모델들은 실제 로봇 궤적, 인간 시점 영상, 시뮬레이션, 합성 데이터 등 이종의 대규모 데이터를 학습해 다양한 환경에 대한 높은 일반화 능력을 갖는다. 테슬라 옵티머스는 자율 주행 기술과 모션 라이브러리를 활용하며, RT-2는 웹 데이터와 로봇 데이터를 결합해 새로운 동작(emergent skill)을 보여 준다. 특히 여러 로봇 데이터를 함께 학습(X-embodiment)하는 일반화 학습 기법은 정책 전이 성능을 높이며, RT-X나 오픈VLA 등이 이를 활용해서 설계되었다.

또 최근에는 클라우드 연결 없이도 로봇에서 직접 실행 가능한 온디바이스(on-device) AI가 주목받고 있다. 구글의 제미나이 로보틱스 온디바이스는 네트워크 연결 없이도 작동하며, 공장이나 물류 환경에서의 안정성과 반응성을 확보한다. 이러한 모델들은 소량의 시연만으로도 새로운 작업에 빠르게 적응할 수 있는 적은 샘플 학습 능력도 갖추고 있다.

안전성과 책임 있는 개발도 중요한 요소다. 의미론적 · 물리적 안전을 위한 설계가 필수적으로 적용되며, 딥마인드는 '책임감 있는 개발 · 혁신(ReDI, Responsible Development and Innovation)' 팀과 '책임 · 안전위원회(RSC, Responsibility and Safety Council)' 같은 전담

조직을 통해 AI 윤리와 안전 가이드라인을 체계적으로 관리한다. 마지막으로, 오픈 소스 생태계 확장을 통해 기술 확산과 협업도 활발히 진행되고 있다. 엔비디아와 구글은 오픈웨이트(open-weight) 모델과 SDK를 제공해, 다양한 로봇 플랫폼에서 손쉽게 적용할 수 있는 유연한 개발 환경을 조성하고 있다.

이러한 AI 모델의 특징은 궁극적으로 휴머노이드가 사람처럼 환경을 이해하고 행동하며, 복잡한 실세계 문제에 적응 가능한 로봇으로 발전하는 기술적 기반이 되었다.

참고문헌

Firoozi, R. et al.(2023). Foundation models in robotics: Applications, challenges, and the future. https://arxiv.org/html/2312.07843v1

Google(2022). RT-1: Robotics Transformer for real-world control at scale. https://research.google/blog/rt-1-robotics-transformer-for-real-world-control-at-scale/

NVIDIA Cosmos. https://www.nvidia.com/en-us/ai/cosmos/

Open X-Embodiment Collaboration(2025). Open X-Embodiment: Robotic learning datasets and RT-X models. https://robotics-transformer-x.github.io/

Zhou, Z. et al.(2024). Autonomous improvement of instruction

following skills via foundation models.
https://arxiv.org/html/2407.20635v1
Zhu, Y. et al.(2025). *NVIDIA Isaac GR00T N1: An open foundation model for humanoid robots.* https://research.nvidia.com/publication/2025-03_nvidia-isaac-gr00t-n1-open-foundation-model-humanoid-robots

05
휴머노이드 로봇 AI가 마주한 기술적 난제

AI 휴머노이드는 눈부신 발전을 이루었지만, 여전히 풀어야 할 기술적 과제가 많다. 이족 보행은 어느 정도 극복되었지만, 손끝의 정밀 조작, 복잡한 환경 적응, 빠른 반응 속도, 낮은 전력 소모, 자연스러운 인간과의 소통은 여전히 어려운 영역이다. AI 휴머노이드가 직면한 주요 기술적 난제들을 구체적으로 살펴본다.

AI 콘텐츠 크리에이터?

이족 보행의 벽은 넘었다

로봇 기술의 첫 번째 커다란 도전은 이족 보행이었다. 오랜 시간 동안 로봇 공학의 가장 높은 벽으로 여겨졌던 이 문제는 다양한 연구와 기술 개발을 통해 마침내 극복되었다. 예전에는 평평한 바닥조차 불안하게 걸어가던 로봇이, 이제는 경사진 길이나 계단, 울퉁불퉁한 지형 위에서도 안정적으로 보행하는 수준에 이르렀다.

특히 실리콘밸리의 로봇 스타트업 언더스토리 로보틱스(Understory Robotics)는 주목할 만한 사례다. 이들은 자사의 휴머노이드 로봇 '모비(Moby)'가 강한 충격에도 균형을 잃지 않고, 복잡한 지형 속을 빠르고 정교하게 걷는 모습을 영상으로 공개해 큰 관심을 받았다. 모비는 심지어 27kg의 하중을 짊어진 채 러그 위를 자연스럽게 지나가며, 인간과 유사한 민첩함과 회복력을 보여 주었다.

이러한 놀라운 움직임은 실시간 보행 제어 알고리듬, 고속 관성 센서, 그리고 강화 학습 기반의 보행 정책 모델이 정교하게 결합된 결과다. 과거에는 상상조차 어려웠던 이 능력은 이제 휴머노이드 로봇이라면 당연히 갖추어야 할 기본기로 자리 잡았다. 이는 곧 로봇이 더 실제적이고 실용적인 환경 속에서 본격적으로 활동할 수 있는 출발점이 마련되었음을 뜻한다.

정밀 조작의 벽을 넘기 위한 기술 발전

이족 보행의 문제가 해결되자, 기술의 두 번째 도전은 더욱 섬세하고 복잡한 과제로 넘어갔다. 그것은 바로 정밀 조작(precision manipulation)이다. 인간은 손과 감각 시스템을 통해 섬세하게 도구를 다루고, 약한 힘으로도 복잡한 물체를 조작할 수 있다. 반면, 휴머노이드 로봇이 이 수준에 도달하기 위해서는 그리퍼, 햅틱(촉각), AI 기술이 유기적으로 결합되어야 하며, 이는 여전히 로봇 공학에서 가장 어려운 난제 중 하나로 남아 있다.

우선, 로봇 손의 기능을 인간 수준으로 끌어올리기 위한 그리퍼와 햅틱 기술이 빠르게 발전하고 있다. 단순한 집게 형태의 그리퍼를 넘어서, 최근에는 다관절 구조를 갖춘 그리퍼가 개발되고 있으며, 360도 전방향 촉각 센서를 손끝에 탑재해 물체와의 접촉을 정밀하게 감지할 수 있게 되었다. 이 기술 덕분에 로봇은 단단한 금속뿐 아니라 두부처럼 쉽게 부서지는 물체도 안전하게 집어 들 수 있게 되었다. 단순히 힘의 크기를 조절하는 수준을 넘어서, 손끝에서 감지되는 미세한 접촉 정보를 기반으로 물체의 질감이나 미끄러짐까지 판단하고 실시간으로 반응하는 방향으로 기술이 진화하고 있다.

여기에 더해, 정밀 조작을 위한 AI 기술도 눈부시게 발전하고 있다. 과거에는 시각 정보와 관절 위치만으로 조작을 학습했다면, 최근에는 시각, 3D 공간 좌표, 관절 각도, 힘, 촉각, 심지어 소리까지 통합하는 멀티모달 AI 학습 기술이 등장하고 있다. 이는 인간의 오감을 모사하는 방식으로, 복잡하고 불확실한 환경 속에서도 안정적인 조작을 가능하게 만든다.

또한 VR 기술 역시 중요한 역할을 하고 있다. VR을 활용하면 실제 로봇을 원격 조작하거나 가상 공간에서 로봇 동작 데이터를 수집할 수 있고, 직관적이고 빠른 데모 학습도 가능하다. 이러한 방식은 다양한 작업을 효율적으로 학습하는 데에 큰 도움이 된다.

최근의 휴머노이드 로봇은 시뮬레이션을 통해 손과 발의 정밀 동작을 반복 학습하며, 경량화된 AI 모델을 내장해 연산 처리 속도를 높이고 전력 소모를 줄이고 있다. 일부 로봇은 ARM 기반 프로세서를 내장한 액추에이터 모듈을 사용해, 물체 조작이나 도구 사용 시 인간 수준의 섬세한 움직임을 실시간으로 구현한다.

결국, 고성능 그리퍼, 고해상도 센서, 멀티모달 AI 기술이 결합되면서 로봇은 단순 반복 작업을 넘어, 인간이 수행해 왔던 복잡하고 섬세한 작업까지 대체하거나 보조하는 가능성을 점차 현실로 만들어 가고 있다.

소비 전력과 배터리 기술

휴머노이드 로봇의 지속적인 동작과 실용성을 결정짓는 핵심 요소 중 하나는 바로 배터리다. 아무리 정교한 기술이 탑재된 로봇이라 해도, 에너지가 부족하면 제 기능을 다할 수 없다. 그러나 현재 시판되거나 연구 중인 대부분의 휴머노이드 로봇은 완충 후 고작 한두 시간 정도만 작동할 수 있는 수준에 머물러 있다. 여기에 동적인 움직임이나 AI 연산이 추가되면, 전력 소모가 급증하면서 실제 운영 시간은 더욱 짧아진다.

이러한 제약은 단순히 배터리 용량의 문제만이 아니다. 에너지 밀도, 전력 효율, 무게 부담이 복합적으로 작용하는 구조적인 한계 때문이다. 이를 극복하기 위해 다양한 기술적 접근이 시도되고 있다. 예를 들어, 모듈형 배터리 구조를 통해 교체와 유지 관리를 용이하게 하거나, 자동 배터리 교체 시스템으로 작동 중 배터리를 갈아 끼울 수 있게 하고, 유선 전원 공급 방식을 통해 특정 작업 환경에서 안정적인 전력을 확보하는 방안도 고려된다. 더불어 초고속 충전 기술과 사전 예측 기반의 배터리 관리 시스템(BMS)도 실용화되고 있다.

게다가 차세대 에너지 저장 기술도 활발히 연구 중이다. 전고체 배터리, 리튬-에어 배터리, 초고출력 슈퍼 커

패시터, 그리고 AI 기반 배터리 최적화 관리 시스템이 대표적이다. 이들 기술은 에너지 밀도와 안전성을 동시에 향상하며, 로봇의 전력 사용 효율을 극대화할 수 있는 잠재력을 갖고 있다.

결국, 배터리 기술의 발전은 단순히 작동 시간을 늘리는 데에 그치지 않는다. 그것은 로봇의 성능과 안정성, 그리고 궁극적으로는 상용화의 속도와 범위에까지 결정적인 영향을 미치는 핵심 변수로 자리 잡고 있다. 에너지의 한계를 넘어서기 위한 이 여정은, 로봇이 사람 곁에서 장시간 실질적인 역할을 수행할 수 있게 만드는 길이기도 하다.

사용자와의 소통 기술

인간-로봇 상호 작용(human-robot interaction, HRI)은 휴머노이드 로봇이 사람과 자연스럽게 협력하고 사회에 통합되기 위한 핵심 기술이다. 단순한 음성 명령 전달을 넘어, 로봇은 시각 · 청각 · 촉각 등 다양한 센서 데이터를 통합해 인간의 언어 · 표정 · 제스처를 정밀하게 해석하고, 상황에 적절히 반응할 수 있어야 한다. 이를 위해 음성 인식, 제스처 인식, 얼굴 표정 분석, 시선 추적, 접촉 감지 등 다양한 인지 기술이 유기적으로 작동하며, 의

미론적 통합(semantic fusion)을 통해 맥락 기반의 의도 이해가 이루어진다.

최근에는 비전-언어-행동(VLA) 모델이 도입되면서 복합적인 지시 사항을 해석하고 실행하는 능력이 크게 향상되고 있다. 예를 들어, “저기 파란 상자를 탁자 위에 올려놔”와 같은 명령을 처리하기 위해서는 자연어 해석, 객체 인식, 행동 계획이 통합적으로 수행되어야 한다. 더불어, 감정 인식 기술, 음성 억양 분석, 표정 표현 모듈 등을 통해 사용자와의 정서적 공감 능력도 점차 강화되고 있다.

또한, 시뮬레이터 기반의 모방 학습과 강화 학습 기술은 다양한 상호 작용 경험을 사전에 축적할 수 있게 하며, 경량화된 온디바이스 추론과 실시간 제어 기술은 사람과의 즉각적인 반응과 상호 작용을 가능하게 한다. 향후에는 뇌-컴퓨터 인터페이스(BCI) 기술과의 융합을 통해 언어와 동작을 초월한 더욱 직관적인 소통 방식으로 발전할 것으로 기대된다.

이처럼 HRI 기술의 진화는 로봇을 단순한 기계를 넘어, 인간과 소통하고 공감하며 공존하는 ‘디지털 동반자(digital companion)’로 변화시키는 기반이 되고 있다. 살펴본 난제를 해결하며 휴머노이드 로봇은 이미 산업과 일상으로 진입하고 있다. 6장에서 그 사례를 살펴본다.

참고문헌

Gordon, R.(2021.11.12). Dexterous robotic hands manipulate thousands of objects with ease. *MIT News.* https://news.mit.edu/2021/dexterous-robotic-hands-manipulate-thousands-objects-1112

Grepow "Humanoid Robot". https://www.grepow.com/robotics/humanoid-robot.html

Johnson, D. O.(2024). *Basic human-robot interaction.* World Scientific Publishing Company.

Li, S. et al.(2024). Learning agility and adaptive legged locomotion via curricular hindsight reinforcement learning. *Scientific Reports, 14.* doi:10.1038/s41598-024-79292-4

06
휴머노이드 로봇, 우리 삶으로 들어오다

휴머노이드 로봇은 이제 공상 과학의 상상을 넘어, 제조와 물류 현장부터 스포츠 교육, 간병 분야까지 우리의 일상 속으로 들어오고 있다. 인간과 협력하고 돌보는 파트너로서, 다양한 산업과 생활 현장에서 실제로 활용되고 있는 휴머노이드 로봇의 구체적인 적용 사례와 미래 가능성을 살펴본다.

AI와 민주주의?

제조 로봇

제조 산업에서는 기존 자동화의 한계를 극복하기 위한 핵심 기술로 휴머노이드 로봇이 주목받고 있으며, 자동차 공장, 조선소, 토목 · 건설 현장 등 다양한 산업 현장에 도입되고 있다.

자동차 분야에서는 BMW, 현대자동차, 테슬라 등이 조립 · 운송 · 물류 등 유연한 공정에 휴머노이드를 시범 적용하고 있다. 예를 들어, BMW는 '피규어02'를 활용해 하루 1천 개의 정밀 부품 조립을 자동화하고 있으며, 테슬라는 '옵티머스'를 이용해 공장 내 부품 운반 작업을 수행하고 있다.

조선 분야에서는 HD현대가 AI 기반 용접이 가능한 로봇을 개발 중이며, 2027년 상용화를 목표로 실제 조선소 투입을 준비하고 있다.

토목 · 건축 분야에서는 반복적이고 비정형적인 작업에 대한 휴머노이드 로봇의 도입 가능성이 연구되고 있으며, 어질리티 로보틱스(Agility Robotics)의 '디지트(Digit)'는 물류 창고에 상용 배치되어 최초의 상업적 도입 사례로 기록되고 있다.

이처럼 휴머노이드 로봇은 산업 전반에서 사람과 함께 복합적인 작업을 수행하며 생산성과 안전성을 향상하는 방향으로 진화하고 있다. 특히 비정형 작업이 많은 산업 현장에서 휴머노이드는 기존 로봇 대비 유연성과 적응력이 뛰어나, 스마트 팩토리 이후 차세대 자동화 기술로 주목받고 있다.

물류 로봇

휴머노이드 로봇은 물류 서비스 현장에서 박스 운반, 패키지 분류, 하역, 피킹(picking) 등 다양한 공정에 도입되고 있으며, 기존 자동화 기술의 한계를 극복할 핵심 수단으로 주목받고 있다. 기존 컨베이어 중심의 고정형 자동화 설비와 달리, 휴머노이드는 동적인 작업 환경에 유연하게 대응할 수 있어 고도화된 스마트 물류의 핵심 인프라로 떠오르고 있다.

대표적으로, 어질리티 로보틱스의 '디지트'는 아마존(Amazon)과 GXO의 물류 창고에서 실제 박스를 운반하는 작업에 투입되어 세계 최초의 상용 휴머노이드 로봇 사례로 평가받고 있다. 이 로봇은 자율 주행 로봇(AMR)과 협업해 컨베이어에 박스를 올리는 작업을 수행하며, 로봇의 활용으로 바코드 인식률과 작업 속도 모두 향상되었다.

피규어AI의 피규어02 역시 바코드 인식과 패키지 분

류 등 판단 기반의 작업을 수행하고 있으며, 테슬라의 옵티머스는 공장 내 물류 작업을 대상으로 시범 운영 중이다.

국내에서는 CJ대한통운과 레인보우로보틱스가 AI 기반 모바일 휴머노이드를 개발해 피킹 · 검사 · 포장 등 수작업 공정을 자동화하고 있다.

이러한 로봇은 복잡하고 비정형적인 작업 처리, 24시간 연속 운영, 위험 환경 대응, 인간과의 협업이 가능한 새로운 물류 자동화의 지평을 열고 있으며, 제조 · 유통 · 이커머스 전반에 걸쳐 물류 휴머노이드의 활용은 작업 효율성과 안전성 제고는 물론이고 인력난 해소 측면에서도 향후 2~3년 내에 산업 전반으로 확대될 것으로 전망된다.

스포츠 교육 분야의 휴머노이드 로봇

휴머노이드 로봇은 스포츠 교육에서 실제 경기, 훈련 파트너, 개인 맞춤형 코칭에 이르기까지 빠르게 활용 범위를 확장하고 있다. 실시간 센서 피드백과 고도화된 모션 예측 기술은 휴머노이드를 단순 도구에서 벗어나 '지능형 코치'로 진화시키고 있다.

중국 베이징에서는 세계 최초로 개최된 휴머노이드

하프 마라톤과 3대3 축구 대회에서 자율 주행 기반 로봇들이 드리블, 패스, 자세 복원 등 전략적 스포츠 동작을 수행해 주목받았다.

스위스 취리히연방공대(ETH Zurich)는 셔틀콕의 궤적을 실시간 예측하고 대응할 수 있는 배드민턴 랠리 로봇을 개발해, 인간과의 협동 훈련이 가능함을 입증했다.

미국 카네기멜론대학교와 엔비디아는 유명 선수의 움직임을 로봇에게 모방 학습시키는 기술을 시연함으로써, 스포츠 시범과 조작 교육에 활용될 가능성을 열었다.

영국에서는 스쿼시 스윙 데이터를 분석해 피드백을 제공하는 로봇 코치가 등장했으며, NAO와 같은 로봇은 특수 교육과 재활 현장에서 운동 능력 향상과 정서적 상호 작용을 지원하고 있다.

이처럼 AI와 센서 융합 기술을 기반으로 한 휴머노이드 로봇은 인간 수준의 운동 능력과 피드백을 제공하며 스포츠 교육 분야의 혁신을 이끌고 있다. 스포츠 로봇은 일반 교육뿐 아니라 노약자 재활, 특수 교육 등 다양한 사회적 영역에서 정서적 지지와 신체 훈련을 동시에 제공할 수 있는 잠재력을 갖고 있다.

간병 분야의 휴머노이드 로봇

고령화 심화와 간병 인력 부족 문제는 전 세계적인 사회적 과제가 되고 있으며, 간병 로봇은 이를 해결하기 위한 핵심 기술로 부상하고 있다. 단순한 기계적 보조를 넘어, 신체적 · 정서적 · 사회적 측면에서 통합적인 돌봄 서비스를 제공하는 지능형 존재로 진화하고 있다.

기술적으로는 센서, 인공지능, 로봇 제어 기술이 융합되며 환자 이동, 자세 보조, 낙상 감지 등 고위험 작업을 정밀하게 수행할 수 있다. 특히, 감정 인식 기술과 대화형 인터페이스는 노인의 외로움과 인지 저하를 완화하는 데에 효과적이며, 이는 단순 자동화가 아닌 정서적 교감 능력을 갖춘 돌봄 파트너로서의 가능성을 보여 준다.

실제로 일본의 '페퍼(Pepper)', '파로(Paro)', '로보 베어(Robo Bear)', 한국의 '알파 미니(Alpha Mini)', '크루저(Cruiser)' 등은 요양 병원, 복지 시설, 특수 교육 현장에 도입되어 자폐 아동의 사회성 향상, 장애인의 일상 자립, 치매 노인의 정서 안정 등 다양한 사회적 성과를 창출하고 있다.

카네기멜론(Carnegie Mellon), 뮌헨공과대학(TUM), 한국과학기술원(KAIST) 등 글로벌 연구 기관은 인간 행동 예측, 맞춤형 음성 피드백, 실시간 상태 감지 기술을 접목한 차세대 간병 로봇 개발에 박차를 가하고 있으며, 향후에는 BCI(뇌-컴퓨터 인터페이스) 기반의 직관적 명령 수행까지 가능할 것으로 전망된다.

무엇보다 이러한 기술은 가족 돌봄자의 육체적 · 정서적 부담을 줄이고 돌봄 서비스의 형평성과 지속 가능성을 확보한다는 데에서 중대한 사회적 의미를 갖는다. 로봇이 '인간을 대체'하는 것이 아닌, '인간을 돕는 존재'로 자리매김하면서 따뜻하고 지속 가능한 돌봄 생태계의 중심축으로 부상하고 있다.

향후 간병 로봇은 더 작고 저렴하며, 사용자 친화적인 형태로 확산될 것으로 기대되며, 이는 기술 발전이 인간 존엄성과 삶의 질 향상에 기여하는 구체적인 방식이 될 것이다.

작업 파트너로서의 서비스 휴머노이드 로봇의 전망

휴머노이드 로봇은 단순한 자동화 기계를 넘어, 인간과 직접 협업할 수 있는 워크 파트너로 빠르게 진화하고 있다. 이러한 변화의 중심에는 HRI 기술이 있으며, 이를 통해 로봇은 별도의 환경 변화 없이 일상적 공간에 유연하게 투입될 수 있는 범용 작업자로 자리 잡고 있다.

로봇은 단순 반복 작업은 물론이고 복잡한 수작업 공정, 위험한 작업, 정서적 상호 작용이 필요한 돌봄 업무까지 수행할 수 있어, 산업 현장의 생산성과 안전성, 사회적 복지의 질까지 향상하는 기술적 · 사회적 가치를 동시에 지닌다.

이러한 역할을 수행하기 위해, 휴머노이드 로봇은 음성 인식, 시각 · 촉각 센서, 조작 학습, 시뮬레이션 기반 강화 학습 등 다양한 AI 기반 상호 작용 기술을 활용한다. 특히 멀티모달 AI와 실시간 피드백 기술의 융합은 인간 수준의 직관적인 협업 능력을 가능하게 하고 있다.

그러나 이러한 진화를 위해서 해결해야 할 과제들도 존재한다. 불쾌한 골짜기(uncanny valley), 배터리의 효율성과 경량화, 고정밀 액추에이터 제어 기술, 현장 맞춤형 학습 데이터 부족, 사용자의 심리적 거부감, 윤리 기준의 부재는 단순한 기술 문제가 아닌, 기술과 제도가 함께 진화해야 할 복합적 과제로 남아 있다.

미래에는 휴머노이드 로봇이 스마트폰처럼 다기능 도구로 대중화될 것이며, 공장 · 물류 · 가정 · 교육 · 돌봄 등 다양한 일상 환경에서 인간과 함께 협력하는 '제2의 동료'로 자리매김할 것이다. 이들은 단순히 일을 대신하는 존재를 넘어, 기술을 통한 인간 존엄성 증진과 삶의 질 향상을 실현하는 진정한 파트너가 될 것이다.

참고문헌

Altmann, A.(2025.6.24). AI-enhanced bot could be your next badminton opponent (Video). *Thomasnet.* https://www.thomasnet.com/insights/eth-zurich-any-mal-d-robot-badminton/

Li, J. & Zhendong, X.(2025.6.28). China's first fully autonomous 3v3 AI robot football match completes, validating world humanoid sports games technology. *Global Times.* https://www.globaltimes.cn/page/202506/1337192.shtml

Wright, J.(2023.1.9). Inside Japan's long experiment in automating elder care. *MIT Technology Review.* https://www.technologyreview.com/2023/01/09/1065135/japan-automating-eldercare-robots/

07
휴머노이드 로봇 대중화를 가로막는 과제들

휴머노이드 로봇의 대중화는 빠르게 진전되고 있지만, 현실적으로는 높은 가격, 짧은 배터리 수명, 안전 인증 문제, 부족한 학습 데이터, 정밀 조작 기술의 한계, 사용자와의 자연스러운 소통 부족 등 여러 과제가 남아 있다. 이러한 주요 걸림돌을 살펴보고, 해결 방안을 모색한다.

AI와 애니메이션?

휴머노이드 가격 : 2만 달러에서 2천 달러로

휴머노이드 로봇의 대중화를 위해서는 가격을 현재 수준(5천~2만 달러)에서 2천 달러 이하로 낮추는 전략적 혁신이 필수적이다. 현재 상용화된 대부분의 로봇은 5천 달러 이상이며, 중국 유니트리(Unitree)의 G1은 1만 6천 달러, 테슬라의 옵티머스는 2만 달러를 목표로 개발 중이다. 프랑스 허깅 페이스(Hugging Face)는 3천 달러 수준의 제품 출시를 예고하고 있으나, 2천 달러 이하의 제품은 아직 등장하지 않았다. 그러나 다섯 가지 전략적 접근을 통해 실현 가능성이 점점 현실로 다가오고 있다.

첫째, 부품과 설계의 단순화

핵심은 관절(액추에이터)의 수를 줄이는 것이다. 고성능 로봇은 40개 이상의 자유도를 갖지만, 보행이나 물체 조작 등 필수 동작은 20개 이하의 관절로도 구현 가능하다. 예를 들어, 유니트리 G1은 가격 절감을 위해 손가락 수를 세 개로 줄였지만, 여전히 유의미한 조작 성능을 보인다. 또한 키 120~140cm, 무게 30~40kg 크기의 소형 로봇 설계는 소재비 절감은 물론, 소비자 친화적 외형으로 접근성을 높인다.

둘째, 대량 생산과 부품 표준화

테슬라와 유니트리는 생산량을 확대해 단가를 낮추는 전략을 채택하고 있다. 로봇 산업에서도 스마트폰 · 자동차처럼 부품 표준화가 핵심 전략이 되고 있다. 범용 모듈과 오픈소스 기반 하드웨어 · 소프트웨어 플랫폼 공유를 통해 초기 개발 비용을 대폭 절감할 수 있다.

셋째, 핵심 부품의 국산화와 저가화

휴머노이드 로봇에서 가장 비싼 부품은 액추에이터이며, 전체 하드웨어 비용의 약 40%, 제조 원가의 50~60%를 차지한다. 이에 따라 저가형 선형 액추에이터 도입, 수입 대체형 국산화 전략이 매우 중요하다. 또한, 필수 성능만 충족하는 저가형 센서를 활용하면 고가 부품 없이도 본질적인 기능 구현이 가능하다.

넷째, AI 소프트웨어의 경량화

로봇에 대형 언어 모델(LLM)을 직접 탑재하기보다, 특정 작업에 최적화된 경량형 LLM을 사용함으로써 연산 자원과 소비 전력을 줄일 수 있다. 이는 로봇 가격뿐 아니라 배터리 소모, 발열 문제까지 동시에 완화한다. 허깅 페이스와 같은 오픈 소스 AI 플랫폼을 활용하면 개발

속도와 품질도 향상된다.

다섯째, 시장 맞춤형 모델과 구독형 비즈니스

모든 기능을 갖춘 범용형 로봇보다 청소 · 안내 · 교육 · 감시 등 목적에 특화된 모델이 현실적이다. 특정 기능만 필요한 수요층을 겨냥한 맞춤형 제품을 제공하면 가격 경쟁력을 확보할 수 있다. 또한 구독형 · 렌탈형 비즈니스 모델을 도입하면 초기 구매 부담을 줄이고 대중적 확산을 촉진할 수 있다.

이처럼 단순화 설계, 대량 생산 체계, 부품 국산화, 경량 AI 소프트웨어, 시장 맞춤형 모델이라는 다섯 가지 핵심 전략이 함께 추진된다면, 2천 달러 이하 휴머노이드 실현은 기술적 · 산업적으로 충분히 가능한 시나리오다. 가격을 낮추는 데에 그치지 않고 보행, 균형 유지, 기본 조작 등 필수 기능을 유지하면서도 효율적인 구조를 설계하는 것이 관건이다.

글로벌 기업들의 기술 발전 속도와 생산 체계의 준비 상태를 고려할 때, 향후 2~3년 내 2천 달러 미만의 로봇이 등장할 가능성은 매우 크다. 이는 단순한 기술 진보를 넘어, 본격적인 휴머노이드 로봇 대중화의 시작까지 시간이 얼마 남지 않았음을 의미한다.

휴머노이드 로봇을 위한 배터리 기술

휴머노이드 로봇의 성능과 상용화 가능성은 배터리 기술의 발전에 크게 의존하고 있다. 보행 · 청취 · 발화 등 다양한 동작을 수행하는 데에 높은 전력이 요구되며, 인간과 밀접하게 상호 작용하는 만큼 안전성과 경량화 또한 필수 조건이다. 이를 충족하기 위해 휴머노이드 전용 배터리는 고에너지 밀도(Wh/kg), 고출력(2~3C 이상), 긴 수명과 빠른 충전 속도(15분 내 80%), 고안전성을 갖춰야 하며, 동시에 무게와 부피는 최소화해야 한다.

최근에는 LG에너지솔루션의 4680 배터리, 삼성SDI의 46시리즈 등 고용량 원통형 배터리가 휴머노이드용으로 채택되고 있으며, 그레파우(GREPOW), CATL, 신완다(XinWANDA), 촹밍(Chuangming) 등 주요 배터리 업체들도 리튬 이온, 전고체, 반고체 배터리를 활용해 6시간 이상 연속 운용 가능한 제품을 개발 중이다. 이들 배터리는 실제 테슬라 옵티머스, 소프트테크(SoftTek) 톈칭(Tianqing) C1 같은 로봇 제품에 적용되어 상용화 단계로 진입하고 있다. 특히 테슬라는 발 구조(toe structure) 디자인을 통해 배터리 효율을 높이는 혁신적인 설계를 적용했다.

또한 배터리 표준화와 가격 하락도 대중화의 핵심 요건이다. 모듈형 배터리 팩, BMS(배터리 관리 시스템), ATEX 방폭 인증, IEC 62133-2와 같은 안전 표준이 확산되고 있으며, 급속·무선 충전 인프라의 규격화도 진행 중이다. 2020년 대비 2023년 기준 휴머노이드용 배터리 가격은 39% 하락했으며, 2027년 대량 생산이 시작되면 인간의 노동 비용과 경쟁할 수 있는 수준까지 도달할 것으로 전망된다.

차세대 전고체 배터리, 리튬-황(Li-S), 실리콘 음극재 기반 배터리는 경량화, 안정성, 초고속 충전 요구를 동시에 만족시키며 로봇의 가동 시간과 효율을 획기적으로 향상할 것으로 기대된다.

정밀한 조작을 위한 그리퍼 기술

휴머노이드 로봇의 정밀 조작 능력을 실현하는 핵심 요소 중 하나는 바로 그리퍼(로봇 핸드) 기술이다. 최근 몇 년간 기술적 진보가 있었음에도, 인간 손처럼 유연하게 환경에 적응하고 정밀한 조작을 수행하는 데에는 여전히 한계가 존재한다. 그리퍼는 단순히 물체를 집는 수준을 넘어 촉각 인식, 힘 제어, 다양한 형태의 파지(grasp),

정밀 조립까지 수행할 수 있어야 하며, 이러한 고기능과 내구성, 대량 생산성 간의 균형 확보는 여전히 해결해야 할 과제다.

최신 고성능 로봇 손은 20개 이상의 자유도(DOF)를 구현하며, 일부는 촉각 센서와 AI 기반 제어 기술을 결합해 인간 수준에 근접한 정밀 동작 성능을 시도하고 있다. 예를 들어 생크추어리 AI(Sanctuary AI)의 피닉스(Phoenix)는 눈을 가린 상태에서도 물체의 표면과 위치를 감지해 달걀 옮기기, 나사 조립, 섬세한 파지 동작을 수행한다. 하지만 이러한 기술은 아직 시연 단계에 머물러 있으며, 실제 산업 환경에서 요구되는 안정성, 반복성, 가격 경쟁력을 동시에 만족시키기에는 부족하다. 기술적으로는 네 가지 문제가 존재한다.

첫째, 복잡한 구조와 제어 난이도

고도화된 로봇 손은 손가락마다 독립된 액추에이터가 필요해 크기와 무게가 증가하고, 하드웨어와 제어 알고리듬의 복잡성도 커진다.

둘째, 기존 전기 모터 기반 구동의 한계

발열 관리와 내구성에 제약이 있으며, 이를 해결하기 위한 소형 유압 구동, 가변 강성 액추에이터, 소프트 로보틱스 등은 아직 초기 연구 단계에 머물러 있다.

셋째, 다양한 물체에 대한 적응력 부족

물체의 형상, 질감, 무게에 따라 파지 전략이 달라져야 하며, 이를 위해서는 고정밀 촉각 센서, 빠른 피드백 시스템, 복잡한 소프트웨어 알고리듬이 필요하다.

넷째, 높은 단가와 생산성 부족

고성능 로봇 손은 부품 수가 많고 조립 공정이 복잡해 단가가 수백만 원 이상이며, 이는 상용화를 저해하는 큰 장벽이 된다. 예를 들어, 유니트리 G1은 가격을 낮추기 위해 손가락 수를 세 개로 제한한 디자인을 채택했다.

현재 시장에 나온 대표 제품으로는 테솔로(Tesollo) DG-5F, 원익로보틱스의 알레그로 핸드 v5(Allegro Hand v5) 등이 있다. 이들은 고자유도, 경량 구조, 강한 파지력, 촉각 센서 내장 등으로 성능은 뛰어나지만 여전히 고가이며, 내구성과 보급성 측면에서 산업적 환산에 한계가 있다.

궁극적으로는 인간 손에 가까운 정밀성, 유연성, 내구

성을 확보하면서도 가격을 낮추고 대량 생산이 가능한 그리퍼 설계가 필요하다. 그리퍼 기술은 휴머노이드 로봇이 단순 이동을 넘어 실제 인간의 작업을 대체하거나 보조할 수 있는지를 결정하는 척도이며, 이 분야의 발전 속도는 향후 로봇 산업 전체의 기술 성숙도와 상용화 수준을 가늠하는 바로미터가 될 것이다.

학습 데이터 부족

휴머노이드 로봇의 범용성과 실용성을 높이기 위한 핵심 과제 중 하나는 바로 양질의 학습 데이터 부족 문제다. 특히 가정, 병원, 음식점 등 실제 서비스 환경을 반영한 고품질 조작 데이터는 거의 존재하지 않아, 현장 중심의 성능 개선에 큰 제약으로 작용하고 있다.

최근에는 브리지데이터 V2, 드로이드 등 수만~수십만 건에 이르는 시연 데이터를 포함한 연구용 데이터 세트가 공개되고 있으나, 대부분 실험실 환경에 국한되어 실제 현장의 복잡성과 변동성을 충분히 반영하지 못한다. 실제 환경에서 데이터를 수집하는 데는 시간 · 비용 · 안전성 문제가 따르며, 로봇 플랫폼, 센서 구성, 작업 정의 방식이 제각각이기 때문에 데이터 표준화와 통합에도 어려움이 많다.

이에 따라 국제 품질 표준인 ISO/IEC 25012와 같은 프레임워크를 활용한 데이터 품질 관리 체계 구축이 시도되고 있으며, 시뮬레이터 기반 생성 데이터와 현실 환경 데이터의 혼합 학습 방식도 점차 확산되고 있다. 또한, 카메라 각도, 물체 배치, 사용자 특성 등 데이터 다양성 확보가 정책 일반화 성능을 높이는 핵심 요소로 부각되고 있다.

실질적인 문제 해결을 위해서는 다층적 전략(multi-layer strategy)이 요구된다. 첫째, 서비스 분야별 전용 실환경 데이터 구축이 핵심이다. 가사 보조, 병원 간병, 음식점 서빙 등 각 도메인에 특화된 현실 조작 데이터 확보는 모델의 실제 적용 가능성을 높이는 기반이 된다. 둘째, 메타 정의 기반의 데이터 공유 인프라 확장과 공개 플랫폼 활성화가 필수적이다. 여기에는 데이터 세트 API, 분산형 저장소 시스템, 공통 평가 지표 설계가 포함되며, 이를 통해 기관 간 데이터 연동과 재사용성을 강화할 수 있다.

셋째, 기초 학습 성능을 강화하고 적은 데이터로도 높은 성능을 확보하려면, 최신 AI 데이터 효율화 기술을 병행 적용해야 한다. 구체적으로는 소수 샘플 학습(few-shot learning), 전이 학습(transfer learning), 합성 데이터

(synthetic data) 활용 등이다. 이들은 고비용 · 고위험의 실제 환경 데이터 수집 한계를 극복하며, 기존 학습 데이터를 증강해 휴머노이드의 일반화 성능을 극대화하는 핵심 전략으로 작용할 것이다.

사용자와의 소통 방식 부재

휴머노이드 로봇의 인간-로봇 상호 작용(HRI) 기술은 여전히 미흡한 수준이며, 이는 실질적 상용화를 가로막는 주요 장애 요인으로 지적되고 있다. 현재 대부분의 로봇은 음성 명령이나 터치스크린 중심의 단순 인터페이스에 머물러 있어, 사용자의 감정 · 상황 · 맥락을 이해하고 자연스럽게 공감하는 데에 한계가 있다. 이러한 한계는 정서적 교감이나 일상 대화를 요구하는 서비스 환경에서 치명적인 제약으로 작용한다.

이러한 문제를 해결하기 위한 기술적 접근으로 LLM 기반의 대화 시스템이 주목받고 있다. LLM은 사용자의 감정, 의도, 상황 맥락을 이해해 더 풍부하고 자연스러운 대화를 가능하게 한다. 실제로 피규어AI, 테슬라, 유비테크 등은 최신 휴머노이드에 LLM과 시각 · 센서 데이터를 통합해 실시간 대화와 행동 제어를 실현하고 있다.

또한, 시선 · 제스처 · 표정 등 비언어적 신호까지 통합하는 멀티모달 인터랙션 기술도 활발히 개발 중이다. 이 기술은 로봇이 인간의 미묘한 감정 변화를 포착하고, 맥락에 맞는 반응을 보이는 데에 필수적이다.

그러나 여전히 해결해야 할 과제도 많다. 대형 언어 모델(LLM)의 환각 현상(사실과 다른 응답), 맥락 파악 실패, 장황한 답변 등은 신뢰성을 떨어뜨릴 수 있으며, 이를 보완하기 위한 정교한 사용자 경험(UX) 설계와 오류 관리 기술이 필요하다. 특히 사용자 목적(상담, 안내 등)에 따라 LLM을 미세 조정하는 파인 튜닝 기술도 중요하다.

결국, 맞춤형 멀티모달 인터페이스, 감성 공감 설계, 작업 특화형 LLM 통합 기술은 휴머노이드 로봇 상용화의 핵심 인프라가 될 것이다. 이는 단순한 소통을 넘어서, 인간-로봇 공존 시대를 앞당기는 전환점이자 실질적 사용자 수용성을 결정짓는 핵심 요소로 작용할 것이다.

참고문헌

이선율(2025.6.9). "휴머노이드 시대, '로봇 배터리'가 새로운 격전지로". 《조선일보》. https://it.chosun.com/news/articleView.html?idxno=2023092142143

Geng, H. et al.(2025). RoboVerse: Towards a unified platform, dataset and benchmark for scalable and generalizable robot learning. https://roboverseorg.github.io/

Katz, B. G.(2016). *A low cost modular actuator for dynamic robots.* Master's thesis, Massachusetts Institute of Technology, Cambridge, MA. https://dspace.mit.edu/bitstream/handle/1721.1/118671/1057343368-MIT.pdf

08
휴머노이드 로봇 산업 경쟁을 위한 제언

휴머노이드 로봇 산업은 단순한 기술 경쟁을 넘어 국가의 미래 주권과 직결된 전략 산업으로 부상하고 있다. 한국이 글로벌 경쟁에서 우위를 확보하기 위해 필요한 정부의 정책적 지원, 기업의 투자 방향, 사회적 수용과 교육 전략, 미중 패권 사이의 균형 전략 등을 제안한다.

AI와 인재 채용?

정부 정책의 필요성: 휴머노이드는 국가 전략 산업이다

모건 스탠리의 《휴머노이드 100》 보고서에 따르면, 휴머노이드 로봇 시장은 향후 10년 내(2034~2035년) 약 60조 달러(약 8경 6600조 원) 규모에 이를 것으로 전망된다. 이는 같은 시기 예상되는 세계 자동차 시장 규모(약 5조 달러)의 10배가 넘는 규모로, 휴머노이드 로봇이 글로벌 기술 산업의 핵심으로 부상할 것이라는 분석이다. 이렇게 폭발적인 성장 잠재력을 지닌 미래 산업을 민간 역량에만 의존하도록 방치할 수는 없다. 기술 패권의 시대에 휴머노이드 산업은 국가 차원의 전방위적인 투자와 전략적 육성이 필요한 핵심 분야다. 단기적인 시제품 개발을 넘어, 지속 가능한 연구개발(R&D) 전략, 산업 생태계 조성, 사회적 합의 형성, 인재 양성을 포괄하는 정책 프레임워크가 시급하다.

무엇보다 기술 경쟁력을 확보하기 위해서 다음과 같은 요소에 대한 정부 주도 정책이 요구된다.

-소형·경량화된 로봇 브레인 개발

-핵심 부품 국산화와 수입 대체화

-차세대 배터리 기술 확보

-실환경 기반 학습 데이터 구축

특히, 로봇 가격을 2만 달러에서 2천 달러 이하로 낮추기 위한 기술 혁신은 민간 단독으로는 어려우며, 이를 위해서 정부의 중장기 R&D 투자와 세제 지원, 공공 부문 초기 수요 창출 등 국가적인 정책 개입이 우선 병행되어야 한다.

2025년 4월, 산업통상자원부는 'K-휴머노이드 연합'을 출범시키고, 2030년까지 대한민국을 휴머노이드 로봇 최강국으로 육성하겠다는 국가 전략을 본격화했다. 40여 개의 기업, 대학, 연구 기관이 참여해 로봇 AI 모델 개발, 핵심 부품 내재화, 배터리 · AI 반도체 확보, 인재 양성, 실증 협력 등 5대 과제를 중심으로 협력 체계를 구축하고 있다. 정부 · 대기업 · 스타트업이 유기적으로 협력하는 삼각 생태계를 기반으로, 기술 주권 확보와 가격 경쟁력 달성을 동시에 추구하고 있다.

산업적 측면에서는 부품 표준화와 모듈화된 하드웨어 개발, 오픈 소스 기반 소프트웨어 생태계 조성을 통해 대량 생산 기반을 마련해야 하며, 초기 상용화는 제조 · 물류 · 의료 등 B2B 분야를 중심으로 추진하는 전략이 유효하다고 본다. 아울러, 인간과 자연스럽게 상호 작용하는 로봇 개발을 위해 대형 언어 모델(LLM) 기반 대화형 인터페이스, 정서적 교감 기술, 비언어적 신호 인식 능력 등에 대한 정책적 지원도 필요하다.

마지막으로, 휴머노이드 로봇이 사회에 자연스럽게 통합되기 위해서는 로봇 윤리, 개인 정보 보호, 책임 구조 등 법·제도적 논의가 선행되어야 하며, 국민 인식 제고와 교육도 병행되어야 한다. 청소년 대상 로봇 리터러시 교육, 기존 노동자의 직무 재교육과 직업 전환 지원 정책은 사회적 수용성과 전환 비용을 줄이는 데에 중요한 역할을 할 것이다.

결국, 휴머노이드는 단순한 로봇 기술을 넘어 AI, 반도체, 배터리, 센서, 언어 모델, 제조 자동화, 서비스 혁신이 융합된 국가 전략 산업이다. 지금부터 정부는 민간과 함께 글로벌 기술 패권 경쟁에 본격적으로 대응할 정책 산업 체계를 가동해야 하며, 그 방향은 자율이 아닌 총력적인 국가 전략이어야 한다.

기업 투자의 방향: 기술 패권 주도를 위한 한국 대기업의 전략

휴머노이드 로봇 시장은 글로벌 기술 패권 경쟁의 핵심 축으로 부상하고 있으며, 한국의 주요 대기업들은 정부 정책과 발맞추어 공격적으로 투자에 나서고 있다. 이들의 전략은 각각의 핵심 역량을 바탕으로 휴머노이드 기술을 내재화하고, 범용 플랫폼 확보를 통해 글로벌 경쟁력을 선점하려는 방향으로 전개되고 있다.

삼성전자는 2023년 레인보우로보틱스에 3540억 원을 투자해 최대 주주가 되었고, AI · 센서 · 반도체와 로봇 제어 기술을 융합한 범용 로봇 플랫폼 구축에 집중하고 있다. 로봇 손 · 관절 등 핵심 부품의 자체 개발과 내재화를 통해 생산 원가를 낮추고, AI 반도체와 초소형 구동 기술을 결합해 고성능 · 저전력 로봇을 실현하려는 전략이다. 삼성은 스마트 팩토리, 반도체 공정, 가정용 서비스 로봇 등 다양한 분야에 적용 가능한 로봇 기술을 확보하며, 2027년까지 AI 기반 휴머노이드를 상용화할 것을 목표로 하고 있다.

LG전자는 '가전 명가'에서 '로봇 명가'로의 도약을 선언하며, 가정용 휴머노이드 로봇 개발에 집중하고 있다. 계열사인 LG이노텍의 비전 센서, LG에너지솔루션의 고

밀도 배터리, LG CNS의 로봇 제어 기술을 통합해 시너지 효과를 강화하고 있다. 또한, 로보티즈와의 고정밀 액추에이터 공동 개발, 베어로보틱스와의 자율 주행 군집 제어 기술 협력을 통해 범용 휴머노이드 상용화를 준비 중이다. LG는 2030년까지 글로벌 서비스 로봇 시장 점유율 10% 확보를 목표로 하고 있으며, 병원 · 요양 · 가정용 로봇 분야로의 빠른 확산을 노리고 있다.

현대자동차그룹은 보스턴 다이내믹스 인수를 통해 로봇 산업에서 세계적인 위상을 확보하고 있으며, 그룹 내 제조 · 물류 · 건설 현장에 즉시 적용할 수 있는 산업형 휴머노이드를 집중 개발하고 있다. '스팟', '스트레치', '아틀라스' 등 강력한 로봇 라인업을 기반으로 2026년 아틀라스 상용화를 목표로 설정했으며 자율 주행, 전동화, AI 기술과의 융합으로 산업 전반의 자동화를 선도할 계획이다.

SK그룹은 유일로보틱스에 투자해 생산 라인 자동화에 집중하며, 스마트 팩토리와 물류 자동화를 통해 핵심 제조 경쟁력을 강화하고 있다. 특히 반도체, 배터리 등 핵심 산업 분야에 로봇을 적극적으로 도입해, 공정 효율성과 수익성을 극대화하는 전략을 추진하고 있다.

결론적으로, 한국 기업들은 단순한 로봇 개발을 넘어,

AI, 반도체, 배터리, 센서, SW 플랫폼 등 자사의 핵심 기술을 융합한 고부가 가치 로봇 생태계를 구축하고 있으며, 정부의 정책적 지원과 함께 글로벌 휴머노이드 시장의 주도권 확보를 위한 기반을 마련하고 있다. 이 같은 전략은 기술 내재화, 부품 국산화, 가격 경쟁력 확보, 대량 생산 체계 구축으로 이어져, 휴머노이드 로봇의 실질적인 상용화와 수출 산업화를 이끌어 낼 핵심 동력이 될 것이다.

한·미·중 전략 사이에서: 한국의 생존과 도약 전략

휴머노이드 로봇 산업에서 미국은 기술 패권의 리더, 중국은 대량 생산과 시장 실험의 선도자로 각각 다른 축의 전략을 추구하고 있다. 한국이 이 둘 사이에서 어떤 전략적 입장을 취하느냐에 따라 향후 산업 경쟁력은 극적으로 달라질 수 있다.

한국은 자본과 인프라 측면에서 미국과 중국에 열세이기 때문에, 정확한 산업 포지셔닝과 전략 산업으로의 명확한 지정이 절실하다.

우선, 미국은 첨단 AI 기술, 대규모 자본, 플랫폼 중심의 생태계 구축 능력을 기반으로 테슬라(피규어AI), 보스턴 다이내믹스 등을 중심으로 첨단 AI 기술 시장을 선도하고 있다. 반면, 중국은 정부 주도의 비용 통제와 생산 인프라를 활용한 가격 경쟁력, 산업 로봇 인프라를 활용해서 유니트리, 유비테크 등을 통해 빠르게 초기 시장 점유율을 확대하고 있다. 미국은 고성능 기술과 중국식 대량 생산 체계의 중간을 겨냥해, 한국이 이 틈새를 공략할 전략은 바로 핵심 부품 국산화와 저비용 현장 실증의 전략적 니치(niche) 시장 선점이다.

이러한 맥락에서, 정부 주도하에 대기업과 스타트업 간 삼각 협력 체계를 구축해 휴머노이드 산업을 '국가 전략 산업'으로 육성하는 것이 핵심 전략이 될 수 있다. 산업통상자원부는 'K-휴머노이드 연합'을 통해 2030년까지 세계 최강국으로 도약할 것을 목표로 하고 있으며 민관 합동 1조 원 이상 투자를 추진해, AI 파운데이션 모델, 저전력 AI 반도체, 고안전 배터리, 가상 시뮬레이터, 인력 양성 등 핵심 요소에 대한 국가 차원의 지원이 본격화되고 있다.

또한, 국산화와 가격 경쟁력 확보는 기업의 전략적 투자와 맞물려 더욱 탄력을 받고 있다. 삼성전자는 레인보우로보틱스에 대규모 투자함으로써 액추에이터, 센서, AI를 융합한 플랫폼 확보에 나섰고, LG전자는 가정용 로봇 개발과 부품 계열사 역량 통합을 추진 중이다. 현대차 그룹은 보스턴 다이내믹스를 인수해 산업형 휴머노이드 라인업을 확장하고 있으며, SK는 스마트팩토리 중심의 실증 전략을 통해 해외시장 진출을 가속화하고 있다. 이처럼 대기업의 자본과 인프라, 스타트업의 기술 혁신, 정부의 정책이 유기적으로 연결되는 협력 모델이 한국형 생태계의 핵심 경쟁력이 될 것이다.

한국이 미국·중국과 다른 전략적 길을 택해야 하는 또 다른 이유는 산업적 특화에 있다. 미국은 기술 중심, 중국은 제조 중심이지만, 한국은 조선·자동차·물류·의료·돌봄 등 산업 현장 중심의 실증 기반 시장이 풍부하다. 이는 휴머노이드의 조기 상용화를 가능하게 하는 이상적인 테스트 베드이며, 단순히 글로벌 기업을 추종하는 것이 아니라, 특화된 산업형 로봇으로 시장을 차별화하는 전략적 기회를 제공할 것이다.

결론적으로, 한국은 미국의 기술 패권, 중국의 생산 패권 사이에서 '고성능 + 저비용 + 현장 실증'을 조합한 독자 노선을 선택해야 한다. 이를 위해 휴머노이드 산업을 전략 산업으로 명확히 규정하고, 국가 주도 R&D, 규제 완화, 수요 창출, 인력 양성, 글로벌 협력 등의 다층적 지원이 뒷받침되어야 한다. 지금이 바로, '로봇 코리아'

로의 도약을 준비할 결정적 시점이다.

참고문헌

산업통상자원부(2025b). “K-휴머노이드 연합 출범”. https://www.motie.go.kr/kor/article/ATCL3f49a5a8c/170404/view

“K-휴머노이드 로봇의 현재와 미래” 콘퍼런스. https://k-humanoid.com/

Jonas, A. et al.(2025). *The humanoid 100: Mapping the humanoid robot value chain.* Morgan Stanley. https://advisor.morganstanley.com/john.howard/documents/field/j/jo/john-howard/The_Humanoid_100_-_Mapping_the_Humanoid_Robot_Value_Chain.pdf

09

휴머노이드 로봇의 미래 전망

2030년 이후, 휴머노이드 로봇은 공장과 물류를 넘어 서비스, 교육, 의료, 돌봄 등 우리 삶 전반으로 빠르게 확산된다. 로봇은 단순 작업을 넘어 감정과 상황을 이해하며 인간과 협력할 것이다. 인간과 로봇이 공존하는 미래, 그 청사진을 함께 그려 본다.

AI와 기자?

2030년 휴머노이드 로봇 B2B 산업부터 성장

2030년 이후, 휴머노이드 로봇은 기술, 시장, 인간과의 공존 방식에서 대전환을 맞이하며 제조 · 물류 · 의료 중심의 산업용 로봇이 먼저 빠르게 확산될 것이다. 로봇 전용 하드웨어와 AI 플랫폼의 진화에 따라 기업들의 시장 진출의 도입 속도만 달라질 수 있다. B2B 시장의 검증을 거친 후에 개인 정보 보호와 보안 문제를 해결한 뒤 가정용/개인용 로봇은 2032년 이후 B2C 시장에 도입될 것이다.

초기 휴머노이드 로봇의 도입 시장은 제조업, 물류업, 재난 구조 현장 등 인력난이 심하거나 고위험 작업이 필요한 산업 현장이 될 것으로 예상된다. 이미 피규어AI 휴머노이드 로봇이 BMW 생산 공장에 실전 투입되어 부분적으로 20시간 조립 연속 작업에 성공한 사례가 있고, CJ대한통운이 3년 이내 물류 현장에 AI 휴머노이드를 실전 투입할 계획을 공개했다. 재난 대응 같은 고위험 작업 환경도 유망한 초기 도입처로 주목받고 있다. 이들 산업군은 정밀 반복, 고강도 노동, 위험 회피 등 인간 대체 수요가 현실화된 분야다.

기술적 발전 예상

기술적으로는 AI 파운데이션 모델과 물리 세계를 이해하는 월드 파운데이션 모델의 결합이 핵심이다. 로봇 파운데이션 모델은 주로 인지와 행동 생성에 초점을 맞추고 있으나, 궁극적으로는 인간 뇌의 '해마(hippocampus)'처럼 지도 생성과 상상 능력까지 내재화된 로봇 AI로 진화할 것이다. 이는 로봇이 단순 명령 수행을 넘어 상황을 이해하고 자율적으로 대응하는 능력을 갖추게 됨을 의미한다.

이를 위해 엔비디아의 코스모스와 같은 월드 파운데이션 모델이 개발되고 있어, 시각 · 촉각 · 언어 정보를 통합 처리하는 멀티모달 AI 모델이 내재화된 로봇 AI 기술 발전이 심화되고 있다. 사람이 몇 마디 설명하거나 몇 번만 시연하면 로봇이 새로운 작업을 스스로 학습하는 능력도 가능해질 것이다.

또한, 휴머노이드 로봇의 최대 난제인 장시간 운용을 위한 배터리 기술도 진화하고 있다. 차세대 배터리는 고에너지 밀도와 순간 고출력 성능을 동시에 만족시켜야 하며, 무거운 하중을 실은 상태에서도 빠르게 움직일 수 있는 수준으로 발전할 것으로 보인다.

휴머노이드 로봇 활용 분야

휴머노이드 로봇은 공장과 물류를 넘어 의료, 교육, 서비스, 엔터테인먼트, 재난 구조 등 다양한 분야로 빠르게 확산될 것으로 기대된다. 고령화 시대에는 노인과 장애인을 돌보는 케어 로봇으로 활용되어 약 복용 보조, 간단한 운동 유도, 생체 신호 모니터링, 응급 상황 알림 등의 역할을 수행할 수 있다. 의료 현장에서는 환자의 생체 정보를 실시간으로 감지하고 이상 징후에 즉각 반응하는 보조 역할을 하며, 신약 개발, 실험실 자동화, 수술 보조, 정밀 의료 등에도 적용할 수 있다. 전시회 안내, 상업용 고객 응대, 커뮤니케이션 로봇, 미디어 진행자 등으로도 확장될 수 있다. 군사적 활용도 예상되지만 본고에서는 다루지 않는다.

궁극적인 휴머노이드 로봇 산업의 미래 전망

인간과 로봇은 궁극적으로 경쟁이 아닌 협업과 공존의 방식으로 진화할 것이다. 마치 스마트폰이 1인 1기기 시대로 일상을 바꿔 놓았듯, 앞으로는 '1인 1로봇' 시대가 도래하며 개인 · 가정 · 기업 · 돌봄 등 다양한 영역에서 목적별 로봇이 보급될 것이다. 이들은 인간의 능력을 대체하기보다 보완하고 증강하는 동반자로 자리매김하며,

감정적 공감과 자연스러운 상호 작용이 가능한 감성 인터페이스를 갖춘 로봇으로 진화할 것이다.

이러한 변화는 단순히 일자리 감소를 초래하는 게 아니라, 인간이 더 높은 차원의 가치를 창출하는 데에 집중할 수 있는 사회로의 전환을 촉진하게 된다. 윤리, 신뢰, 사회적 수용성, 규제 체계 등도 함께 정비되어야 하며, 로봇과의 공존을 위한 문화적 기반이 마련되어야 한다.

산업 측면에서는 AI 휴머노이드 로봇이 기술 발전과 서비스 수요를 촉진하면서 산업 전반의 폭발적 성장을 견인할 것으로 예상된다. 새로운 로봇 기술의 등장뿐만 아니라, 이를 기반으로 한 파생 직업군과 서비스 생태계도 다양하게 형성된다. 로봇 교육사, 윤리 감독관, 감성 프로그래머, 디지털 트윈 기반 시뮬레이션 전문가, 로봇 보험 설계사와 같은 신규 직종의 창출이 그 예다.

또한, 로봇 도입은 산업과 사회의 노동시장 유연성을 향상하며, 근로 조건의 개선과 일-삶 균형 강화 등 삶의 전반적인 질 향상에도 기여할 것이다. 반복적이고 위험한 노동에서 해방된 인간은 더 창의적이고 사회적 가치가 높은 활동에 집중하게 되며, 이는 교육·문화·예술·과학 등 고차원 산업의 발전과도 연결된다.

궁극적으로, AI 휴머노이드 로봇은 인간의 '기술적 확장체'로서, 물리적 한계를 넘어선 새로운 문명의 기초를 형성할 것이며, 인류와 로봇이 함께 발전하는 공존 시대의 핵심 축으로 자리 잡을 것이다.

10
인간과 로봇의 공존, 어떻게 준비할 것인가?

휴머노이드 로봇은 이제 상상이 아닌 현실이 되고 있다. 기계 공학, 인공지능, 소프트웨어, 사회적 요구가 융합된 이 기술은 우리 삶의 방식을 바꿀 것이다. 이제는 기술 발전에 놀라기보다, 다가올 미래를 준비하고 주도하기 위한 국가적 전략과 사회적 공감대가 필요한 시점이다.

AI와 미래 의사?

휴머노이드 로봇 패권 경쟁

물리 AI 시대의 도래와 함께, AI 휴머노이드 로봇은 단순한 기술적 진보를 넘어 국가 산업과 경제, 사회 전반을 재편할 수 있는 핵심 동력으로 부상하고 있다. 특히 모건스탠리는 2034년까지 휴머노이드 로봇 시장이 최대 60조 달러(약 8경 6600조 원)에 이를 것으로 전망하고 있으며, 이는 같은 해 자동차 시장의 10배를 넘는 규모다. UBS는 2050년까지 연간 8600만 대의 수요가 발생할 것으로 예측하며, 이 시장은 2025년부터 연평균 40% 이상 성장할 것으로 전망한다. 이처럼 엄청난 성장 가능성을 지닌 산업을 민간의 힘에만 의존해 방치하는 것은 국가 경쟁력을 심각하게 위협하는 일이다.

실제로 미국은 테슬라, 피규어AI, 아마존, 엔비디아 등 빅테크를 중심으로 로봇 하드웨어와 AI 파운데이션 모델을 결합한 범용 휴머노이드 개발에 수조 원대 투자를 단행하고 있으며, 제조 현장 실증을 통해 상용화를 가속화하고 있다. 중국은 정부 주도 아래 유비테크, 유니트리 등 로봇 기업의 대량 생산 체제를 지원하며, 빠르게 세계 시장 점유율을 늘리고 있다. 이들은 기술 개발, 부품 내재화, 시장 선점 전략을 치밀하게 병행하며 글로벌 패권 경쟁에서 이미 선두권을 점하고 있다.

대한민국의 K-휴머노이드

반면, 대한민국은 뛰어난 연구 인프라와 반도체 · 배터리 등 일부 강점을 보유하고 있음에도, 휴머노이드 로봇 완성품과 핵심 부품 분야에서 기술 내재화와 글로벌 경쟁력 확보가 부족한 실정으로, 더는 시간을 허비할 수 없다. 지금 이 순간부터 정부와 산업계, 학계가 총력 대응에 나서야 하며, 정책 산업으로서의 명확한 위치 지정, 장기적 연구개발(R&D) 전략 수립, 초기 시장 창출, 국제 표준화 선도 등이 병행되어야 한다.

대한민국은 'K-휴머노이드 연합' 출범을 통해 이러한 흐름에 뒤늦게나마 본격적으로 대응하고 있으며, 2030년까지 세계 최고 수준의 기술력 확보를 목표로 핵심 부품 국산화, 로봇 AI 모델 개발, 인력 양성 등 다각적인 노력을 시작했다. 하지만 여전히 미국과 중국의 기민하고 막대한 투자를 따라잡기 위해선 긴급하고도 집중적인 국가적 대응이 필수적이다. 지금이 바로, 기회를 잃지 않기 위한 결정적 시점이다.

손영성

한국전자통신연구원에서 책임연구원으로 재직 중이다. 한국정보과학회 사물인터넷연구회 회장을 지냈으며 과학기술연합대학원대학교(UST) 조교수, 한국데이터사이언스학회와 에이아이프렌즈학회 이사로 활동했다. 컴퓨터공학 박사학위를 취득하고 미국 조지아공과대학교에서 박사후 과정을, 핀란드 VTT에서 방문 연구를 수행했다. 2016년에는 알파고와 이세돌의 대국 이전에 국내 최초로 딥마인드 알파고 쇼크를 예고하는 행사를 개최했으며, 이후 대덕연구단지 연구자들과 함께 '에이아이프렌즈' 커뮤니티를 창립했다. 2023년에는 국내 최초로 챗GPT 활용 워크숍을 주최하기도 했다. 과학과 기술이 세상을 이롭게 할 수 있다는 신념으로 학제 간 융합 연구를 실천하며 이공계 연구자의 길을 꾸준히 걸어가고 있다.